Bui Ba Khiem
Nguyen Thi Phuong Lan
Nguyen Thi Thanh Nhan

A Autoridade Portuária do Vietname no futuro - Piloto no porto de Haiphong

Bui Ba Khiem
Nguyen Thi Phuong Lan
Nguyen Thi Thanh Nhan

A Autoridade Portuária do Vietname no futuro - Piloto no porto de Haiphong

ScienciaScripts

Imprint

Cover image: www.ingimage.com

This book is a translation from the original published under ISBN 978-620-2-02200-2.

Publisher:
Sciencia Scripts
is a trademark of
Dodo Books Indian Ocean Ltd. and OmniScriptum S.R.L publishing group

120 High Road, East Finchley, London, N2 9ED, United Kingdom
Str. Armeneasca 28/1, office 1, Chisinau MD-2012, Republic of Moldova, Europe
Printed at: see last page
ISBN: 978-620-7-89072-9

ÍNDICE DE CONTEÚDOS

ABREVIATURA

Abbreviation	Content
ASEAN	The Association of Southeast Asian Nations
Aut.	Authority
BA	Business Administration
BOD	Board of directors
CFS	Container Freight Station
CG	Central Government
CL&U	Cargo loading and unloading
DWT	Dead Weight Tonnage
GDP	Gross Domestic Product
GM	Government Management
HCMC	Hochiminh city
IAP	Investment and Planning
IM&EX	Import and Export
ISO	International Organization for Standardization
MA	Maritime Administration
Man.	Management
ODA	Official Development Assistance
OMLC	One member limited company
Op.	Operation
PA	Port Authority (Port Authority)
PAL	Port Authority Lạch Huyện (Port Authority Lạch Huyện)
PMB	Port Management Body
PSA	Port Singapore Authority
SOI	Structure of Infrastructure
TEU	Twenty-foot equivalent units
Tran.	Transportation
VND	Vietnam Dong
WB	World Bank
WTO	World Trade Orginazation

PREÂMBULO

A tendência de integração na economia mundial exerce uma grande pressão sobre os países em desenvolvimento em geral e sobre o Vietname em particular. Desempenhando o papel de um dos domínios económicos importantes, a economia marítima está também sujeita a uma pressão significativa. Para desenvolver a economia marítima, é necessária uma verdadeira inovação, tanto a nível da gestão como do funcionamento.

Na tendência de desenvolvimento dos portos em todo o mundo, os factores "modelo de gestão portuária" e "autoridade portuária" afectarão muito a eficiência da gestão portuária e da administração das operações comerciais. Para ter um modelo de gestão portuária adequado ao contexto histórico e às condições político-económicas-sociais de cada país, algumas nações tiveram de fazer experiências durante décadas para encontrar o modelo de gestão adequado para os seus portos, como a França, a Bélgica, os Países Baixos, o Japão, Taiwan, etc.. De facto, estes países estão a aplicar os 04 modelos: *"Porto de serviço público", "Porto de ferramentas", "Porto de proprietários"* e *"Porto privado",*

Por conseguinte, no contexto em que o Vietname é membro da OMC e da associação de portos marítimos da ASEAN, a inovação do modelo de gestão dos portos marítimos do Vietname é, neste momento, imperativa, com significado tópico, científico e prático.

Sendo um porto importante da zona norte, o porto de Haiphong tem uma importância essencial para toda a economia marítima nacional, bem como para a economia da cidade.

- *Geograficamente,* o porto de Haiphong tem uma localização conveniente no triângulo económico de Hanói - Haiphong - Quang Ninh, e é o centro da rede de transportes rodoviários entre Haiphong e as áreas adjacentes, como: Haiphong - Hanói (estrada 5), Haiphong - Thaibinh (estrada 10), Haiphong - Quangninh (estrada 359). Este sistema rodoviário desempenha um papel importante na circulação da carga entre o porto de Haiphong e a sua área posterior no Norte do Vietname, especialmente nas províncias do Nordeste do delta do Norte.

O porto de Haiphong é também o centro de transporte da via navegável (que liga o rio Cam a outros rios, como o rio Thai Binh, o rio Luoc, etc., que atravessa as províncias do triângulo económico). Além disso, o porto de Haiphong é o único que possui um sistema ferroviário que liga a capital Hanói e as províncias fronteiriças do norte (contíguas à China), como Lao Cai, Yen Bai, etc., que está disponível para apoiar o desenvolvimento das necessidades de transporte de carga e de clientes a nível local e internacional (quando aplicável). *Em especial,* o porto de Haiphong é o maior "porto de entrada" da zona norte do país, dispondo de infra-estruturas suficientes para assegurar o seu desenvolvimento, incluindo cerca de 43 km de passagem de água (de Ben Binh à boia n.º 0) com uma profundidade de -7,0 ÷ -7,2 m (do ponto de recolha/retorno do piloto ao porto de Tan Vu) e uma profundidade de -5,3 m (do porto novo ao porto principal).

- *No que diz respeito à atividade comercial,* de acordo com as estatísticas do porto em 8 anos contínuos (2005-2014), o valor da produção de passagem do porto aumenta de forma constante ano após ano e atingiu 69 mil. Toneladas por ano em 2015 (para a totalidade da área portuária de Haiphong); as obrigações financeiras para com o governo local e nacional foram implementadas através do pagamento de impostos (taxa aduaneira, taxa de autoridade portuária, taxa de pilotagem, taxa de segurança marítima, etc.), sendo a taxa de segurança marítima a maior percentagem do montante total pago. O imposto aduaneiro da cidade de Haiphong em 2014 foi de VND 35.302,9 mil milhões e em 2015 foi de VND 37.917 mil milhões.

Além disso, o desenvolvimento económico da zona portuária de Haiphong deve reaslizar os objectivos e a orientação da estratégia marítima do Vietname até 2020 [1]

".... Construir ***alguns portos comerciais internacionais*** *de escala regional...;* ***construir um órgão de gestão geral unificado do Estado*** *para trabalhar de forma eficaz e eficiente em matéria marítima..."";* na mesma Resolução, a orientação estratégica do desenvolvimento socioeconómico até 2020 e após 2020 será a seguinte

-Até 2020: desenvolver com êxito a economia marítima e costeira através de

*medidas inovadoras (*1) Exploração e transformação de petróleo e gás; ***(2) Economia marítima;*** (3) Captura e transformação de produtos do mar; (4) Turismo e economia insular; (5) Construção de zonas económicas, industriais e de exportação e transformação costeiras nas províncias costeiras.

- *Após 2020:* ***(1) Economia marítima;*** (2) Exportação e transformação de petróleo e gás; (3) Captura e transformação de produtos do mar; (4) Turismo e economia insular; (5) Construção de zonas económicas, industriais e de exportação e transformação costeiras nas províncias costeiras.

Por conseguinte, antes de 2020, a ***"economia marítima"*** (incluindo a economia portuária) ocupa a posição **2nd** entre 05 economias marítimas e, após 2020, *a* ***"economia marítima"*** ocupará ***a posição 1st*** entre 05 economias marítimas acima mencionadas. A Resolução n.º 09-NQ/TW, de 09/02/2007, também enfatiza que: *"...em primeiro lugar, concentrar-se no investimento para desenvolver o turismo marítimo,* ***construir portos marítimos,*** *...; criar as condições necessárias para garantir a segurança e a proteção ... a proteção do ambiente marítimo".*

In order to achieve the objectives, and above mentioned strategic orientation as stated in the Resolution No. *09-NQ/TW de 09/02/2007, a 4th conferência do Comité Central da União da Juventude Comunista de Ho Chi Minh, Curso X sobre a Estratégia Marítima do Vietname até 2020,* o desenvolvimento da economia portuária na área do porto de Hai Phong, incluindo o ponto 1st do estudo da construção de um *"Modelo de gestão portuária"* com a *"Autoridade Portuária"*, assente em bases científicas e práticas, a fim de aumentar a eficácia da gestão do Estado e a eficiência da administração das empresas do porto de Hai Phong, é uma questão imperativa e atual que responde às necessidades práticas actuais.

**** Visão geral do estudo do modelo da Autoridade Portuária***

- **No estrangeiro:**

A autoridade portuária não é um conceito novo em muitos países com grandes portos no mundo. Seguem-se exemplos de países que implementaram com êxito o modelo de autoridade portuária: Países Baixos, Bélgica e Japão, Singapura na Ásia... Por conseguinte, existem muitos estudos sobre a Autoridade Portuária nestes países que são resumidos pelo Banco Mundial no seu documento Toolkit, módulo 3.

Através do estudo, reconhece-se que existem diferentes opiniões sobre a Autoridade Portuária em diferentes países. Por exemplo:

Nos Países Baixos: A Autoridade Portuária, em termos de organização, inclui: 30% - governo central, 70% - governo local e é executada pela administração da cidade.

Na Bélgica: A Autoridade Portuária conta com a participação do governo central e do governo local, sendo que a taxa de contribuição de capital varia de rubrica para rubrica.

- *No Japão:* Existem dois modelos de gestão portuária Port Authority (PA) e Port Management Body (PMB), de facto, no Japão, há 1 Port Authority e 166 PMBs [47].

- *Em Singapura:* O Governo de Singapura permite a cooperação em todas as áreas de atividade da Autoridade Portuária, o que significa um maior autocontrolo das finanças e uma circulação mais rápida da moeda.

- ***No Vietname***

Segundo os dados recolhidos pelo grupo de investigação, existem poucos trabalhos científicos diretamente relacionados com a "Autoridade Portuária" no Vietname, sendo a maioria artigos que reflectem superficialmente o estatuto, os comentários ou a avaliação do modelo da Autoridade Portuária. Este facto pode ser constatado através das estatísticas que se seguem:

+ *No início, alguns artigos mencionam sobretudo o facto de não haver uma boa gestão dos portos e das infra-estruturas portuárias, a* sobreposição de órgãos funcionais e, por conseguinte, a necessidade de criar e implementar uma autoridade portuária no Vietname, mas o conteúdo principal é apenas informativo e não analítico. Estes artigos não fornecem dados científicos, realidades e soluções suficientes para o Vietname.

+ *Em segundo lugar, alguns artigos aprofundam as funções e responsabilidades da Autoridade Portuária, tais como:*

O artigo "Autoridade Portuária - Objectivos e funções" (revista Sea & Shore -

2009 - Ph.D Nguyen Ngoc Hue [18]. Pode dizer-se que este é um dos primeiros artigos sobre a Autoridade Portuária no nosso país, mas o seu conteúdo é ainda inadequado, por exemplo, ao escrever sobre a Autoridade Portuária, o autor não conseguiu esclarecer o que é o diretor do porto (empresa) e o diretor da administração marítima (Governo). Na verdade, o autor mencionou Diretor do Porto, e não Mestre do Porto - noutros países, este é o mesmo que o diretor da Administração Marítima do Vietname. E isto é diferente de um diretor de porto como diretor de uma empresa. O conteúdo deste artigo foi maioritariamente retirado do documento sobre a renovação dos portos elaborado pelo Banco Mundial. Embora o autor tenha acrescentado algumas características da autoridade portuária de alguns países, como os EUA, a China, Singapura e o Japão, não analisou nem comparou com a situação no Vietname. O autor também não salienta que, nos EUA, existem simultaneamente dois conceitos de administração marítima e de autoridade portuária e que estes conceitos são entendidos e utilizados de forma diferente.

Outros artigos identificaram a consideração da utilização da Autoridade Portuária com a seleção de um dos 04 modelos de gestão portuária. Na sua opinião, no que diz respeito ao conceito, a conotação de "Autoridade Portuária" é uma questão de análise e seleção de 04 modelos de gestão portuária, incluindo e priorizando os seguintes:

+ O modelo Tool port;

+ O modelo Landlord Port;

+ O modelo Porto de serviço público e

+ O modelo Porta de serviço privado.

Trata-se de modelos básicos de gestão portuária que são mencionados em todos os documentos sobre gestão portuária, como o Módulo 3 do "World Bank Port Reform Tool Kit", ou o livro "Maritime Economics" publicado em 2005. De facto, este documento menciona o modelo de propriedade da gestão e operação portuária durante o processo de privatização do porto. O documento é popularizado para ajudar os órgãos de pesquisa e os governos a selecionar medidas e modelos de gestão e propriedade da operação portuária de forma adequada durante a privatização do porto. Mais exatamente, o conteúdo fornecido pelo WB diz respeito à função de gestão do negócio portuário sob as diferentes formas de propriedade, investimento e operação.

O estudo dos "modelos de gestão portuária de acordo com o BM", que na realidade são modelos de investimento em operações portuárias, é necessário, mas é apenas um conteúdo no estudo e utilização do modelo de autoridade portuária e não pode ser identificado como tal.

+ *Em terceiro lugar, alguns outros artigos de investigação centram-se numa análise particular de como implementar* a Autoridade Portuária de facto em alguns países como os EUA, França, Países Baixos... Mas estes artigos apenas mencionam a Autoridade Portuária nesses países e não a forma de a aplicar ao Vietname.

+ *Em seguida, o projeto "Modelo de organização da autoridade portuária, aplicação piloto na zona do cais de Lach Huyen" aborda todas as funções, responsabilidades, modelo de organização e situação financeira...*

Até agora, o projeto levado a cabo pela Administração Marítima do Vietname é o único projeto oficial que estuda a Autoridade Portuária [13].

Este projeto aborda: insuficiências como a atribuição da zona terrestre e da zona aquática a investidores separados torna o porto disperso e unificado; não existe um órgão de gestão portuária unificado para dirigir a gestão e o funcionamento do porto de acordo com o plano; o Estado investe em armazéns, equipamento, pelo que os recursos estão dispersos e o capital privado não é totalmente utilizado; a atribuição da atividade de exploração portuária sem concurso impede que haja um investidor e um operador realmente competentes; a produtividade da utilização do capital da APD é baixa; o favorecimento especial dos investidores estrangeiros em boas localizações; a autorização para que as empresas incluam a taxa de cais nas receitas é inadequada, especialmente quando os cais são investidos com capital do Estado. *O relatório revela que:* Atualmente, no Vietname, não existe nenhum órgão responsável por: zona terrestre do porto, zona logística posterior do porto e zona industrial de apoio em nome da propriedade do Estado; cooperação comercial entre portos; supervisão da atividade portuária para garantir uma concorrência sã e justa para todos os operadores.

O projeto considera que:

A partir do estudo e da análise teórica e prática dos modelos de gestão portuária, verifica-se que o modelo de landlord port apresenta mais vantagens do que os outros modelos. No entanto, para que se adeqúe às condições do Vietname e se torne exequível, é necessário que existam algumas características: o Estado detém o direito de utilizar a zona terrestre do porto, a zona logística da retaguarda do porto e a zona industrial de apoio através da atribuição da gestão a um órgão de gestão portuária que representa o governo central e o governo local, o investimento na construção de infra-estruturas por parte do Estado, a APD ou outra fonte de capital mobilizada pelo órgão de gestão portuária. A exploração das infra-estruturas do cais, da zona logística da retaguarda do porto e da zona industrial de apoio é efectuada por organizações privadas através de contratos de arrendamento assinados com o órgão de gestão portuária. As organizações e os particulares que alugam as infra-estruturas podem adquirir o equipamento necessário para a sua exploração. O órgão de gestão portuária tem o direito de prestar serviços de apoio aos navios que chegam e partem, que operam no porto, e outros serviços relevantes.

O projeto fornece um método como se segue:

Estabelecer a Autoridade Portuária de Lach Huyen (PAL), que funciona como uma empresa sob a tutela do Ministério dos Transportes, com a participação do governo local.

Este método mostra claramente a estrutura organizacional, as funções e responsabilidades, o capital social, a fonte de capital de desenvolvimento, a fonte de receitas, as despesas, os clientes, transferindo algumas das funções de gestão do Estado para a PAL.

Também sobre esta questão, o Saigon Economic Times Online de 18/11/2013 escreveu [51]:

"De acordo com a Administração Marítima do Vietname, a Autoridade Portuária irá gerir os portos da zona, de modo a evitar um desenvolvimento disperso, sem iniciativa e unificado. A Autoridade Portuária não substitui o governo local, mas dentro da Autoridade Portuária haverá pessoal do governo local.

A Autoridade Portuária distingue-se da administração local pelo facto de se limitar a coordenar as actividades comerciais portuárias e outras actividades relevantes.

A autoridade portuária é responsável por todos os requisitos das infra-estruturas de tráfego e das infra-estruturas técnicas na zona portuária (em terra e na água) para assegurar a receção de navios e o transporte de carga, a ligação à rede nacional de tráfego e à rede de infra-estruturas técnicas; assegura igualmente todas as questões ambientais

Por conseguinte, o relatório apresenta ainda alguns pontos de conflito. Basicamente, são os seguintes:

(1) Não esclareceu a diferença entre a Autoridade Portuária e a Administração Marítima

(2) Não foi esclarecido se a "autoridade portuária" é um órgão de gestão estatal ou uma empresa. No projeto, a Autoridade Portuária de Lach Huyen é confirmada como uma empresa sob a tutela do Ministério dos Transportes e com a participação do Ministério dos Transportes, do Ministério do Planeamento e Investimento, do Ministério das Finanças, do Ministério dos Recursos Naturais e Ambiente e da Administração Marítima. Esta empresa tem o direito de controlar a execução do planeamento pormenorizado do porto no âmbito da sua extensão atribuída; de supervisionar e inspecionar as actividades operacionais dos operadores portuários; de publicar as taxas e os direitos relevantes na zona portuária;

(3) Não descreveu claramente os modelos de gestão de outros países, tendo apenas afirmado que: "o modelo do landlord port é adequado". Então, quais são os outros modelos? Que modelo o Vietname está a implementar? Em que medida é melhor do que o modelo atualmente utilizado no Vietname?

Embora o projeto esteja concluído e tenha sido apresentado ao Primeiro-Ministro, este não o aprovou e exige que o Ministério dos Transportes e a Administração Marítima o revejam e alterem para melhor se adequar ao facto (na carta n.º 6490/CV-TTg de 25/8/2014).

A nossa opinião: *Na verdade, alguns países aplicam a autoridade portuária para unificar a forma de planeamento e desenvolvimento dos portos, juntamente com uma infraestrutura adequada e apropriada para uma área económica e geográfica específica, e não apenas uma forma de propriedade da operação portuária. Isto significa que* é adequado *mudar a abordagem de estudo de "Autoridade Portuária de Lach Huyen (para um porto) para Autoridade Portuária para o grupo de portos em Hai Phong e área adjacente"*.

De um modo geral, até à data, quando se fala de Autoridade Portuária, todos os autores abordam um dos 4 modelos do BM. De facto, quando o BM fornece este documento, o seu objetivo é clarificar a propriedade, o investimento e a operação do porto durante a privatização do porto em diferentes países. No entanto, devido à tradução do inglês para o vietnamita e à diferença na propriedade da terra e das infra-estruturas no Vietname em comparação com outros países, diferentes autores entendem as mesmas questões de formas diferentes. Quase todos os autores se baseiam nos 4 modelos fornecidos pelo BM e fazem uma comparação para utilização no Vietname, mas a redação não esclarece o seguinte:

- A diferença entre a autorização estatal de gestão do porto e das actividades portuárias relevantes (no Vietname, através da Administração Marítima Portuária e de alguns outros órgãos governamentais) e o direito de propriedade e de exploração e investimento no porto.

- A diferença diz respeito ao direito de propriedade da zona terrestre, da zona aquática e das infra-estruturas do porto e à exploração do porto.

- A semelhança e a diferença (caso exista) entre Autoridade Portuária e Administração Marítima. A forma de aplicar a Autoridade Portuária e a Administração Marítima do Porto noutros países?

- Aplicabilidade da autoridade portuária no Vietname com base na experiência de outros países.

- **Em Hai Phong**

O porto de Hai Phong é um porto com a maior quantidade de carga no Norte do Vietname, possuindo um sistema completo e seguro de equipamento e infra-estruturas, adequado aos métodos de transporte e comércio internacionais. O porto de Hai Phong inclui as áreas: Porto de Vat Cach, porto de Hoang Dieu (o porto principal), porto de Chua Ve, terminal de Dinh Vu, cais de Song Cam, porto de Thuy San, porto de Doan Xa, porto novo, porto de Hai An, porto de Lach Huyen. Tal como muitos outros portos em todo o país, a situação da gestão do porto de Hai Phong é a seguinte: independente mas dispersa, não unificada e consistente, a carga está bloqueada, a conclusão não é saudável...

Por conseguinte, não só o governo local, mas também o governo central se preocupam com esta questão e procuram criar um modelo mais eficaz de gestão portuária. Esta ideia é apresentada nas instruções do Secretário-Geral do Partido Comunista do Vietname, do Ministério dos Transportes, na Resolução do Comité Central da Cidade do Partido Comunista do Vietname e na Resolução do Comité Popular da Cidade. Através de um inquérito preliminar, foram recolhidas muitas ideias sobre modelos de gestão portuária, tais como Tool port, Landlord port, Public Service port, Private port... pensamos que, para recuperar os actuais pontos fracos e promover os pontos fortes disponíveis, o modelo de Autoridade Portuária é o modelo mais adequado neste momento.

Para responder a esta exigência, o livro esclarece o seguinte:

- Com base nos fundamentos teóricos, jurídicos e práticos dos modelos de gestão portuária de alguns países do mundo, o livro clarifica o conceito de *"modelo de gestão portuária"* com *"Autoridade Portuária"* em geral e para a zona portuária de Hai Phong em particular;

- O livro propõe alguns métodos para construir "*o modelo de gestão portuária*" com "*Autoridade Portuária*" para o porto de Hai Phong, adequado ao mecanismo de mercado sob a gestão do Estado, satisfazendo a exigência de integração regional e internacional do domínio portuário; e, juntamente com as condições para tornar um dos métodos viável.

CAPÍTULO 1

BASE TEÓRICA DA GESTÃO PORTUÁRIA E MODELO DE AUTORIDADE PORTUÁRIA

1.1. Porto marítimo:

T existem muitos conceitos de porto marítimo, dependendo da finalidade e dos requisitos dos objectos de investigação; no âmbito deste livro, a equipa de investigação apenas fornece os conceitos relacionados com as actividades de gestão do Estado, bem como com as actividades empresariais portuárias, apresentadas através da visão de cientistas especializados em portos, e os requisitos legais da Lei Marítima do Vietname de 2015.

1.1.1 Conceito de porto marítimo dos cientistas especializados em portos

Em primeiro lugar, o porto marítimo é entendido como um centro de transporte unido onde entram e saem vários meios de transporte, incluindo embarcações marítimas, navios fluviais, comboios, camiões e até aviões que transportam carga e clientes que vão do porto de partida para o porto de destino dentro de um país ou em diferentes países. Na área dos portos, há actividades de movimentação de carga, recolha e entrega de clientes de e para navios e outros meios de transporte. Isto significa que a troca de meios de transporte tem lugar na zona portuária;

Em segundo lugar, o porto marítimo é um local dentro da área contígua entre o mar e a terra, onde os navios e a sua carga transportada são servidos por cais tecnicamente armados para manuseamento de carga, armazenamento, etc... O porto marítimo é também um elo na cadeia de multitransportes, onde os meios de transporte marítimos, comboios, camiões, meios de transporte fluvial terrestre, etc. efectuam a transição da carga dos navios para outros meios de transporte e, pelo contrário, juntamente com a organização de uma série de outros serviços portuários.

Em conclusão, os conceitos de porto marítimo acima referidos não ajudaram a analisar e esclarecer como as funções da infraestrutura do porto marítimo (cais, cais, armazém, solo, etc.) afectam todas as actividades dos tipos de transporte através do porto marítimo. No entanto, mostram-nos a importância do porto marítimo nas actividades comerciais e de importação-exportação entre os países com portos marítimos no mundo, bem como a contribuição anual do PIB dos portos para o desenvolvimento económico nacional, especialmente no caso do Vietname, um país com uma longa linha costeira de mais de 3200 km e um sistema portuário marítimo em desenvolvimento. [28, 29]

1.1.2 Conceito de porto marítimo da Lei Marítima do Vietname de 2015

A Lei Marítima do Vietname de 2015 consagra um capítulo (Capítulo IV) [5], incluindo 12 cláusulas (da cláusula 74 à cláusula 85) ao porto marítimo, com o seguinte conteúdo: conceito, categorias, função, anúncio de abertura e encerramento, zona de águas portuárias e projeto de investimento e construção, gestão das operações portuárias, via de passagem das águas portuárias; segurança, proteção e prevenção da poluição ambiental; autoridade portuária, responsabilidade e autoridade do diretor da autoridade portuária; retenção de navios e administração pública no porto.

Diferença entre a versão 2015 e a versão 2005 da Lei Marítima do Vietname: aditamento do Conselho de Gestão e Operação do Porto.

"O Conselho de Administração e Operação é estabelecido pelo Governo, é-lhe atribuída uma área de terra, uma área de água para projetar, investir, construir, desenvolver, explorar infra-estruturas e apoiar a área logística" [5].

A Lei Marítima do Vietname de 2015 abordou a estrutura organizativa, a responsabilidade e a autoridade do conselho de administração e a operação. No entanto, de facto, esta estrutura tem pontos inadequados como requisitos práticos. (Esta parte será analisada em pormenor numa parte posterior deste livro).

Por outro lado, o Direito Marítimo do Vietname especifica claramente os conceitos de zona terrestre, zona aquática, infraestrutura e passagem de água. Estas questões estão diretamente relacionadas com o modelo de gestão portuária. Trata-se de uma base jurídica que permite considerar os factores que devem ser geridos pelo governo e o modelo de gestão adequado, bem como os factores que devem ser autogeridos pelas empresas (incluindo as empresas privadas) para uma maior eficiência. Os pormenores são os seguintes:

- ***Zona terrestre portuária***

A zona terrestre portuária é uma zona de terreno limitada para a construção de cais, armazéns, terra, escritórios, infra-estruturas de prestação de serviços, sistema de transportes, sistema de comunicações, construções de água e eletricidade, outras infra-estruturas e instalações de apoio.

- ***Zona de água do porto***

A zona de água do porto é uma zona de água limitada para o estabelecimento da área de água da frente do cais, área de inversão de marcha do navio, área de ancoragem, área de transbordo, área de esconderijo de tempestades, área de recolha/entrega de pilotos, área de construção de vias de passagem de água e outras construções de apoio.

O porto marítimo tem um ou mais cais. O cais tem um ou mais cais. O cais inclui cais, armazéns, terrenos, oficinas, escritórios, serviços e instalações de apoio. O cais é uma estrutura fixa pertencente ao cais, utilizada para a ancoragem de navios, manuseamento de carga, recolha/entrega de clientes e outras actividades de serviço.

- ***Infra-estruturas portuárias***

As infra-estruturas portuárias incluem as infra-estruturas do cais e as infra-estruturas públicas portuárias. As infra-estruturas portuárias, incluindo os cais, a frente de água do cais, os armazéns, os terrenos, as instalações de serviços, o sistema de transportes, o sistema de comunicações, a água e a eletricidade, as passagens de água dos ramais portuários, etc., são construídas, montadas e fixadas na zona terrestre do porto e na frente de água do cais.

As infra-estruturas públicas portuárias incluem a passagem de água do porto, o sistema de sinalização marítima e outras instalações de apoio.

- Passagem de água de porto

A passagem de água do porto é uma área de água limitada do mar ao porto, determinada por um sinal de aviso marítimo e outras instalações para garantir que os navios e os meios de transporte fluvial entrem e saiam do porto em segurança. A passagem de água do ramal do porto é uma área de água limitada da passagem de água do porto ao cais, determinada pelo sinal de aviso marítimo e outras instalações de apoio para garantir que os navios e os meios de transporte fluvial entrem e saiam do porto em segurança.

Todos os factores acima mencionados (zona terrestre, zona aquática, infra-estruturas, etc.) são recursos nacionais e pertencem à propriedade nacional. Por conseguinte, é necessário reforçar o papel da gestão estatal das infra-estruturas portuárias.

1.2. Modelo de gestão dos portos marítimos

Hoje em dia, em todo o mundo, quase todos os países desenvolveram sistemas portuários marítimos e estão à procura de um dos modelos adequados para aplicação que possa trazer a melhor eficiência económica.

Com base nas actividades de gestão e operação portuária em vários países da Europa e da Ásia, os cientistas de gestão e os peritos portuários "teorizaram" quatro (04) modelos típicos de gestão portuária que estão a ser aplicados em alguns países, como se segue: ***Porto de serviço público****; Porto de* ***ferramentas; Porto de senhorio****;* ***Porto privado****.*

Os quatro modelos supracitados têm aspectos positivos e negativos que se adaptam a diferentes contextos e métodos de gestão de diferentes países. Cada modelo é descrito a seguir:

1.2.1. Porto de serviço público.

1.2.1.1- Conteúdo do modelo: [13, 37]

Características específicas deste modelo:

Em primeiro lugar, o Estado detém a propriedade total da zona terrestre e da zona aquática, das infra-estruturas e da passagem de água dos portos marítimos.

Em segundo lugar, o Estado investe na construção integral de infra-estruturas portuárias, infra-estruturas de cais e infra-estruturas públicas portuárias, das quais cais, zona de água da frente de cais; armazéns, terrenos, oficinas, instalações de serviços, ... estão localizados na zona terrestre do porto; há passagem de água do porto, sistema de sinalização marítima e outras instalações de apoio; ao mesmo tempo, o Estado também investe na aquisição de equipamento de movimentação de carga.

Em terceiro lugar, o Estado deve nomear uma empresa pública (ou empresa principal) para explorar diretamente as infra-estruturas e o equipamento de movimentação de carga, e gerir os recursos humanos e alguns outros serviços de apoio do porto.

1.2.1.2- Vantagens e desvantagens do modelo:

- *Vantagens:* todos os projectos de construção de infra-estruturas (cais, armazéns, oficinas, etc.) e de equipamentos de movimentação de carga (gruas, elevadores, camiões, tractores, etc.) são da responsabilidade do Estado. Por conseguinte, a vantagem é a concentração, a unificação do investimento na construção e na exploração portuária.

- *Desvantagens*:

+ As grandes necessidades de investimento (tanto para as infra-estruturas como para os principais equipamentos de movimentação) tornam a dispersão dos recursos (no que respeita ao investimento) e restringem a concentração dos investimentos de renovação e modernização dos equipamentos de movimentação;

+ Não participação de empresas privadas, uma grande fonte de capital desta secção privada não é mobilizada ou utilizada;

+ Inflexibilidade na resolução e prestação de serviços para satisfazer as várias necessidades e expectativas dos clientes (devido ao mecanismo de instrução e aprovação a vários níveis, perdem-se muitas oportunidades).

+ A falta de competitividade, de inovação, de capacidade e de utilização máxima impede que se atinja a maior eficiência possível nas infra-estruturas públicas portuárias;

+ Desperdício de recursos e de investimentos devido à interferência do governo e à dependência do orçamento do Estado, ...

1.2.2. Porta-ferramentas

1.2.2.1- Conteúdo do modelo: [13, 37]

Características específicas deste modelo:

Em primeiro lugar, toda a zona terrestre, zona aquática, passagem de água e infra-estruturas do porto são propriedade do Estado. Por conseguinte, o Estado investe na construção de todas as infra-estruturas portuárias, incluindo as infra-estruturas do cais e as infra-estruturas públicas, nomeadamente cais, zona de frente de água do cais, armazéns, terrenos, oficinas, instalações de serviços, etc., e equipamento de movimentação;

Em segundo lugar, o Estado arrenda a organizações privadas (ou empresas estatais - em alguns países) para que estas efectuem negócios de: serviço de manuseamento de carga, armazenagem através do contrato de arrendamento de infra-estruturas; e, ao mesmo tempo, gere diretamente a força humana que faz a operação portuária. Outros serviços de apoio como agência, piloto, serviços de rebocadores, reparação, abastecimento, etc... dentro do porto são efectuados tanto pelo Estado como por empresas privadas.

1.2.2.2- Vantagens e desvantagens do modelo:

- *Vantagens:* o investimento em infra-estruturas e nos principais equipamentos de tratamento é decidido e realizado por um órgão do Estado, o que permite uma elevada concentração do investimento, evitando sobreposições e desperdícios decorrentes de investimentos dispersos.

- *Desvantagens*:

+ Uma vez que tanto as empresas privadas como a organização estatal de gestão portuária estão envolvidas na prestação de serviços de movimentação de carga, e que as empresas privadas não possuem qualquer equipamento de movimentação importante, como uma grua de grandes dimensões, existem conflitos, instabilidade e limites no desenvolvimento de uma empresa de grande dimensão no futuro;

+ O investimento em equipamento importante (gruas de grande dimensão) no porto pertence ao Estado. Em seguida, o Estado atribui a empresas privadas a sua exploração. Este facto torna o investimento ineficaz porque os operadores não têm o direito de decidir os tipos, funções e produtividade adequados do equipamento.

1.2.3. Modelo do porto do senhorio.

1.2.3.1- A descrição do modelo: [13, 37]

Em primeiro lugar, o Estado é proprietário de todas as zonas terrestres e aquáticas do porto, das infra-estruturas e das vias de passagem de água; investe na construção de todas as infra-estruturas do porto, incluindo as infra-estruturas do cais e as infra-estruturas públicas.

Em segundo lugar, o Estado aluga o cais e o embarcadouro a empresas privadas para a sua exploração, aluga o terreno a empresas privadas para a construção de um armazém e de um local de armazenamento de carga; investe em todo o equipamento de manuseamento, transporte e armazenamento de carga. Outros serviços de apoio são prestados tanto pelo Estado como por empresas privadas.

1.2.3.2- Vantagens e desvantagens do modelo

- *Vantagens:*

+ Devido a uma separação clara do investimento no desenvolvimento portuário, os benefícios do Estado e das empresas privadas são harmonizados;

+ Como as empresas privadas podem investir ativamente em equipamento de movimentação (gruas pesadas) com funções e produtividade adequadas às necessidades dos clientes, concentram o seu investimento de forma eficaz e operam eficientemente, através de contratos estáveis a longo prazo;

+ O Estado consegue equilibrar os recursos de investimento e tirar partido dos recursos das organizações e dos indivíduos envolvidos na operação e no negócio portuário; ao mesmo tempo, os recursos do Estado para o investimento no desenvolvimento portuário são concentrados. Este modelo contribui para que o máximo de benefícios retornem através da coleta de impostos para o orçamento do Estado.

+ As empresas privadas desenvolverão muitas vantagens ao assinarem ativamente contratos com consignatários, armadores sobre a movimentação de carga e implementarem os contratos com elevada produtividade, etc... Isto é adequado e satisfaz as exigências do mercado.

- *Desvantagens:*

+ Devido à concentração máxima de recursos para a operação portuária em empresas privadas, a produtividade da operação pode exceder a capacidade do porto.

+ É difícil ter uma forma de seleção de serviços de apoio que possa equilibrar os benefícios tanto do Estado como das empresas privadas.

1.2.4. Modelo de porto privado

1.2.4.1- A descrição do modelo: [13, 37]

Em primeiro lugar, o Estado desempenha o papel de criar o quadro jurídico para o investimento na construção do desenvolvimento portuário;

Em segundo lugar, as organizações privadas têm o direito de possuir todas as zonas terrestres e aquáticas do porto, de investir em infra-estruturas de construção, armazém, solo, etc., e de adquirir equipamento de movimentação de carga (grua, empilhador, etc.); de gerir os recursos humanos que implementam os serviços de movimentação, transporte e armazenamento de carga e de prestar uma série de outros serviços de apoio.

1.2.4.2- Vantagens e desvantagens do modelo

- *Vantagens*

+ Melhor promover a flexibilidade do investimento na construção do desenvolvimento portuário porque não há interferência direta do Governo;

+ Tendo a propriedade da zona terrestre e aquática do porto, as empresas privadas investem ativamente na construção do desenvolvimento portuário sob a orientação do mercado e também ativamente na criação de uma política de preços adequada.

+ As organizações privadas têm o direito de alargar o seu âmbito de atividade, tirando partido da localização estratégica do porto: e de obter lucros elevados vendendo terrenos para a construção do porto a preços elevados.

- *Desvantagens:*

+ Devido à natureza das organizações privadas, podem surgir comportamentos de exclusividade e/ou especulação de terrenos portuários, com riscos para o Estado.

+ O governo local pode perder o direito de implementar uma política económica a longo prazo relacionada com os portos locais.

+ O governo terá de gastar muito dinheiro para comprar os terrenos portuários e a zona aquática quando for necessário, ou quando o governo planear e fizer um novo projeto ou transformar as funções portuárias.

Tabela 1. 1 - Resumo dos quatro modelos de gestão e operação portuária

Model / Managing subjects	Public service port	Tool port	Landlord port	Private port
Land zone, water zone, infrastructure	The State	The State	The State	Private
Major handling equipment (crane, forklift, etc...)	The State	The State	Private	Private
Operation mechanism, labors operating port	The State	Private	Private	Private
Supporting services (tugboat, supply, repair...)	Mainly the State	The State / Private	The State / Private	Mainly private

Source: Vietnam Maritime Administration

Quadro 1. 2- Síntese das vantagens e desvantagens dos modelos de gestão portuária

No.	Model	Advantages	Disadvantages
1	**Public service port**	All construction projects of infrastructure (quays, warehouses, workshops, etc…) and cargo handling equipment (cranes, lifts, trucks, tractors, etc...) are under the state's responsibility. Therefore, the advantage is the concentration, unification in construction investment and port operation	- Large investment need (for both infrastructure and main handling equipment) make dispersion of resources (in respect of investment) and restriction on concentration of renovation investment, modernization of handling equipment; - Non-participation of private companies, a large capital

No.	Model	Advantages	Disadvantages
			source from this private section is not mobilized or used; - Inflexibility in solving and providing services to satisfy various needs and expectations of customers (Because of multi-level instruction and approval mechanism, a lot of chances are lost or missed). - Lack of competitiveness, innovation, capability max use prevent achievement of the highest possible efficiency port public infrastructure; - Waste of resources and investment due to interference by government and dependence on the state budget,..
2	**Tool port**	Investment in infrastructure and major handling equipment is decided and done by one state organ, which makes a high concentration of investment to avoid overlap and waste from scattered investment	- Because both private company and state's port management organization involve in provision of cargo handling services, while private companies do not own any major handling equipment like big size crane, there are

No.	Model	Advantages	Disadvantages
			conflict, unstability and limit arising in developing a large scale companies in future; - Investment in major equipment (big size cranes) in port belongs to the State. Then the State assigns private companies to operate. This makes the investment unefficient because the operators do not have right to decide appropriate types, functions and productivity of the equipment.
3	**Landlord port**	- Due to a clear separation in port development investment, benefits of the State and private companies are harmonized; - Because private companies are allowed to actively invest in handling equipment (heavy crane) with functions and productivity appropriate to customers' needs, they concentrate their investment effectively and operate	- Due to the maximum concentration of resources for port operation from private companies, the operation productivity may exceed port's capability. - It is difficult to have manner of selection of supporting services which can balance the benefits of both the State and private companies.

No.	Model	Advantages	Disadvantages
		efficiently, through stable long term contracts; - The State manages to balances the resources of investment and take the advantage of resources from organizations and individuals involving in port operation and business; at the same time, the State's resources of port development investment is concentrated. This model helps to have maximum benefits returned through tax duty collection to the state's budget. - Private companies will develop many advantages in actively sign contracts with consignees, ship owners about cargo handling and implement the contracts with high productivity, etc… This is appropriate and meets the market demands	
4	**Private**	- Best promote flexibility in	- Due to the nature of private

No.	Model	Advantages	Disadvantages
	port	port development construction investment because there is no direct interfere by the Government; - Having the proprietary of the land and water zone of the port, private companies actively invest in port development construction under the market orientation and also actively in building an appropriate pricing policy. - Private organizations have right to extend their business scope, taking advantage of the port strategic location: and to get high profit by selling land for port building at high price.	organizations, exclusive behavior and/ or port land speculation may arise, resulting risks for the State. - Local government may loose the right of implementing economic long term policy relating to the local ports. - The government will have to spend a lot of money to buy the port land and water zone then needed, or when the government plans and does re-project or transform the port functions.

Source: Many authors

1.3. Autoridade Portuária

1.3.1. Conceito de "Autoridade Portuária"

Não se trata de um conceito novo no domínio dos portos marítimos pertencentes à Indústria Marítima do Vietname - Ministério dos Transportes, porque houve várias teses de investigação científica sobre o modelo de gestão portuária com "Autoridade Portuária" ao nível dos departamentos ministeriais e ao nível do ministério (presidido pelo Gabinete Marítimo do Vietname) na fase 2003-2007. No entanto, até à data, o conceito de modelo de gestão portuária com "Autoridade Portuária" parece ser raramente mencionado. Em especial, não existe nenhum documento legal do Vietname que especifique o âmbito, o formato, a organização e o funcionamento da "Autoridade Portuária" em termos de modelos de gestão portuária.

Na natureza, a palavra "Autoridade Portuária" tem um significado amplo. A única palavra "Autoridade" pode ser entendida como: ter direito, pessoas com direitos, poder, influência, etc... Pode ser utilizada em combinação com um substantivo ou adjetivo como Autoridade Competente: *Um órgão com direito e poder;* Autoridade local: Administração *local;* Autoridade pública: *autoridade civil;* Autoridade reguladora e Autoridade portuária - *"autoridade que gere/opera o porto"*.

Com o conceito acima referido, muitos países com mar (França, Bélgica, Países Baixos, Japão, Singapura, etc.) utilizam a palavra "Autoridade Portuária" nos seus modelos de gestão portuária como um mecanismo de funcionamento em conformidade com os seus requisitos legais.

Na sua natureza, a "*Autoridade Portuária*" é entendida como uma organização autorizada pelo Estado a desempenhar várias funções no porto, incluindo: a função de gestão do Estado para o porto e a função de operação portuária e de gestão empresarial, tal como acima referido.

No entanto, a tese de investigação da "Autoridade Portuária" na fase 20032007 não é realmente convincente devido a muitos pontos novos que são diferentes dos modelos de gestão portuária no Vietname.

1.3.2. Base jurídica da "Autoridade Portuária":

Com base na necessidade de objectivos práticos e na necessidade urgente de gerir o porto, de acordo com a *Resolução n.º 09-NQ/TW de 09/02/2007, a 4.ª Conferência do Comité Central do Partido Comunista (th) sobre a estratégia portuária do Vietname para 2020;* em fevereiro de 2014, o Ministro dos Transportes atribuiu à Administração Marítima do Vietname a preparação do projeto *"Investigação para propor um modelo de gestão e operação de portos marítimos para implementação-piloto no cais de Lach Huyen - um porto internacional de Haiphong",* que aborda a *"Autoridade Portuária[1] ".*

Com base nos resultados da investigação do projeto, o Ministério dos Transportes introduziu alguns conteúdos do projeto relativos à "Autoridade Portuária" na Lei

Marítima do Vietname (alterada em 2015) e explicou-os perante a Assembleia Nacional.

De acordo com o projeto de alteração da lei, que complementa várias cláusulas da Lei Marítima do Vietname, na *"Cláusula 64b. Autoridade portuária. A Autoridade Portuária é uma organização com funções de investimento na construção e desenvolvimento e gestão e operação de infra-estruturas portuárias, áreas de logística portuária e está autorizada a implementar várias funções da Administração Governamental no âmbito das áreas terrestres e aquáticas atribuídas".*

O relatório de verificação da Comissão de Direito da Assembleia Nacional afirmava claramente que, no domínio do porto marítimo, existem muitos órgãos e unidades governamentais (administração marítima, exército de defesa, alfândegas, serviço de quarentena, autoridade de vigilância das pescas, etc.), indivíduos, organizações, empresas, prestadores de serviços marítimos cujas actividades dizem respeito não só a cidadãos vietnamitas mas também a estrangeiros. Por conseguinte, é imperativo dispor de um órgão do Estado com responsabilidades e autoridades suficientes para presidir, coordenar e gerir rigorosamente as actividades neste domínio.

Na reunião da Assembleia Nacional em abril de 2015, foram levantadas muitas questões sobre este assunto, por exemplo:

- A Autoridade Portuária e a Administração Marítima são diferentes? Como é que a Autoridade Portuária está organizada e estruturada? Como se relaciona com os seus superiores e inferiores para evitar sobreposições no trabalho? Quem gere a Autoridade Portuária, o Ministério dos Transportes, o Governo ou qualquer outro órgão? Dado que as funções redigidas por este órgão são tão vastas, está em conformidade com a lei de organização da administração local?

- Outras ideias mostram que não se deve utilizar a expressão *"Autoridade Portuária"*, porque deve haver um entendimento único sobre o assunto, caso contrário, haverá *"Autoridade da Zona Industrial"* para as zonas industriais, e *"Autoridade do Porto Aéreo", etc..., e há um ponto de vista segundo o qual, uma vez que existe uma autoridade, deve haver um conselho popular.*

Embora a *"Autoridade Portuária*[1] *" devesse* ser abordada na Lei Marítima de 2015, ainda existem conflitos de opinião, a Lei Marítima de 2015 apenas aborda *"O conselho de administração e operação portuária""*.

No entanto, na natureza, o conceito de *"Autoridade Portuária"* será utilizado mais cedo ou mais tarde para servir a gestão dos grandes portos no Vietname, de acordo com a tendência global comum.

CAPÍTULO 2
ESTUDO DOS MODELOS DE GESTÃO PORTUÁRIA NO MUNDO

Atualmente, no mundo, existem 04 tipos de modelos de gestão portuária que são maioritariamente utilizados nos países europeus e asiáticos. Alguns países aplicam diferentes modelos apropriados para diferentes portos, enquanto outros países aplicam um modelo para todos os seus grandes portos numa fase específica. As características de cada área são descritas a seguir:

2.1. Gestão portuária em alguns países da Europa:

2.1.1 Porto de Le Harve, em França:

Em França, existem muitos portos grandes com uma quantidade de carga que chega a ser 2 a 3 vezes superior à quantidade total de carga que passa por todos os portos do Vietname num ano. Um desses portos é o porto de Le Harve, o segundo maior porto de França e o 5th maior porto da região do Norte da Europa. De acordo com o relatório do projeto, a quantidade de contentores que passam por este porto ocupa mais de 60% da quantidade total de contentores que passam por todos os portos de França. A quantidade de petróleo bruto que passa por este porto também representa 40%.

A França publicou há muito tempo um Código dos Portos Marítimos, que especifica que a Autoridade Portuária *(Autoridades Portuárias)* é uma autoridade estatal dotada de personalidade jurídica e financeiramente independente, sob a gestão direta do Ministro responsável pelo domínio portuário, e é supervisionada financeiramente pelo Estado. O Estado especifica os papéis e as funções da Autoridade Portuária e supervisiona o seu funcionamento, mas não interfere nas actividades e no funcionamento da Autoridade Portuária.

Um dos papéis e funções da Autoridade Portuária de *Le Harve* é implementar: investimento de extensão, atualização da construção do porto, operação e manutenção do porto, garantia da segurança do porto e das áreas vizinhas; gestão da propriedade do porto. A autoridade portuária pode cobrar taxas aos armadores e proprietários de carga (em conformidade com os regulamentos) e taxas de serviço aos clientes que utilizam equipamento portuário (aluguer de armazéns, gruas, empilhadores, etc.); as receitas provenientes do aluguer de imóveis também pertencem à autoridade portuária.

Sobre o Conselho de Administração da Autoridade Portuária Le Harve:

De acordo com o Código Portuário de França, a Autoridade Portuária de Le Harve é responsável pela apresentação de relatórios ao Ministro dos Transportes, o órgão de gestão profissional do Estado (incluindo as actividades portuárias) e sob a supervisão financeira e económica do Estado. Todas as actividades de gestão e exploração portuária devem ser aprovadas pelo Conselho de Administração da Autoridade Portuária e pelo seu Diretor-Geral. O Conselho de Administração da Autoridade Portuária é frequentemente composto por membros e representantes dos órgãos do Estado (relacionados com as actividades portuárias) e parceiros que utilizam os serviços portuários, peritos portuários e representantes da cidade de Le Harve. O modelo de gestão da autoridade portuária de Le Harve é o "Tool *port"*.

2.1.2 Roterdão Países Baixos (Autoridade de Roterdão PoR)

De facto, o porto de Roterdão é o maior porto dos Países Baixos e é gerido por uma autoridade portuária única (Rotterdam Authority PoR). Esta autoridade portuária está estruturada em dois (02) elementos principais, o governo central e o governo local, e o seu modelo é o landlord port. Toda a zona terrestre e aquática pertence ao Estado, representado pela Autoridade Portuária. O Estado concentra-se em investir na construção de infra-estruturas de cais, cais e infra-estruturas públicas, incluindo quebra-mar, passagem de água, cais para navios, etc... e aluga-as a empresas privadas para exploração. Todo o equipamento (grua, empilhador, camião, meios de transporte aquático, etc.) que serve a movimentação de carga no porto, bem como o armazém, a oficina, as ferramentas, etc., são adquiridos por empresas privadas de acordo com os seus objectivos e necessidades comerciais.

A Autoridade Portuária de Roterdão (PoR) é uma organização composta por: governo central (representado pelo Ministério das Finanças) com 30% do capital e governo local (representante da cidade de Roterdão) com 70% do capital. A estrutura do pessoal do Conselho de Administração da PoR é atribuída pelos governos central e local. O diretor-geral do PoR (designado pelo Conselho de Administração) é responsável pela gestão de todas as actividades administrativas diárias no porto e responde perante o presidente da Câmara Municipal, o Ministério das Infra-estruturas e do Ambiente. A PoR recebe terrenos dentro da área de planeamento portuário e é responsável pelo investimento na construção do porto para arrendar a organizações privadas e indivíduos para a exploração do porto, incluindo manuseamento de carga, transporte, armazenamento, etc., com um período de arrendamento de 20 a 50 anos. O PoR propõe ao Ministério das Infra-estruturas e do Ambiente e à Câmara Municipal de Roterdão, para aprovação, um projeto e um investimento portuários pormenorizados em diferentes fases.

A Autoridade Portuária de Roterdão (PoR) determina o objetivo de aumentar a competitividade de Roterdão para que se torne "um complexo industrial e logístico líder a nível mundial". A tarefa central do porto é efetuar a movimentação de carga de forma eficiente e garantir a segurança dos navios internacionais; desenvolver, construir, gerir e operar toda a zona industrial de Roterdão de acordo com o objetivo estabelecido pelo Conselho de Administração.

A Autoridade Portuária de Roterdão (PoR) também tem o direito de decidir e emitir taxas portuárias e de cobrar as referidas taxas às empresas de navegação com navios que fazem escala no porto. De facto, na estrutura de receitas do porto, as taxas portuárias representam 52% das receitas totais, sendo a outra parte, 48% das receitas, proveniente do aluguer de terrenos e de outros serviços. A inspeção dos navios estrangeiros é feita de acordo com as regras do PSC e a dos navios neerlandeses de acordo com as regras do FSI. As outras actividades da administração marítima, alfândegas, exército de defesa e quarentena são realizadas pelos órgãos autorizados dos Países Baixos.

2.1.3 Autoridade portuária de Antuérpia-PAA da Bélgica:

A autoridade portuária de Antuérpia, na Bélgica, foi criada segundo o modelo de landlord port, com a participação da autoridade governamental central e da autoridade governamental local e a taxa de contribuição de capital.) Por exemplo, toda a via de passagem dos navios (com cerca de 90 km de comprimento e que se mantém a grande profundidade no interior do canal) e a doca dos navios são investidos a 100% pelo governo central, sendo dragados e objeto de manutenção anual (custo de cerca de mais de 300 milhões de euros/ano). No entanto, os contratantes que efectuam a dragagem e a manutenção anuais são seleccionados através de concurso público. A fonte de capital para a construção de obras na zona aquática da frente de cais é contribuída pelo governo central com 50% e pela Autoridade Portuária com 50%. O capital para a construção de cais e de embarcadouros é contribuído pelo governo central com 20% e pela Autoridade Portuária com 80%.

Toda a infraestrutura (cais, embarcadouro, zona terrestre, zona aquática dianteira do cais) e a gestão operacional do porto de Antuérpia pertencem à Autoridade Portuária de Antuérpia (Autoridade Portuária Antewrp-PAA). A Autoridade Portuária de Antuérpia tem um Conselho de Administração, um Diretor-Geral e os membros do Conselho de Administração são designados pelo governo local da região de Flander. A Autoridade Portuária de Antuérpia tem o direito de investir na construção das infra-estruturas do cais e de as arrendar para exploração. As organizações e os particulares estão autorizados a alugar terrenos portuários para exploração (o contrato de arrendamento tem uma duração de 20 a 50 anos); a investir em equipamento de movimentação (grua, empilhador, armazém, outro equipamento) que sirva as actividades de movimentação, transporte e armazenagem de carga; e também a cobrar taxas de frete e de movimentação aos proprietários de carga.

A Autoridade Portuária de Antuérpia tem o direito de emitir taxas de serviço (taxa de ancoragem, taxa de partida/chegada, taxa de amarração/desamarração....) e de cobrar diretamente estas taxas aos armadores; de facto, 40% das receitas anuais da Autoridade Portuária provêm destas taxas.

A autoridade portuária de Antuérpia é também responsável pela gestão do tráfego no porto, pela mobilização, organização dos cais e do cais para os navios e embarcações que chegam ao porto para movimentação de carga. A emissão de licenças para os navios entrarem e saírem do porto e navegarem pela via de passagem é efectuada por um órgão de gestão marítima.

A Pilot é uma organização que funciona sob a direção do governo. A inspeção de navios estrangeiros é feita pela PSC e a de navios nacionais pelo órgão especializado do Estado. As alfândegas, o exército de defesa e a quarentena pertencem ao governo central.

2.2. Alguns países da Ásia:

2.2.1 Porto de Singapura:

Singapura é uma nação insular que está a enriquecer com as actividades económicas e turísticas marítimas. Uma das secções da economia marítima é a gestão e a exploração portuária, que produz resultados económicos muito elevados. De facto, antes do início da década de 1996, Singapura tinha aplicado o modelo de *porto de serviço público,* no qual a propriedade das infra-estruturas do cais e a operação portuária se concentravam numa única organização. Em 1997, Singapura decidiu converter o modelo acima referido no modelo de porto senhorio, com duas organizações responsáveis pela gestão e operação portuárias, como se segue:

Em primeiro lugar, a Autoridade Portuária e Marítima de Singapura ***(Autoridade Marítima e Portuária de Singapura - MPA)*** tem como missão principal gerir a utilização, a renovação e o desenvolvimento do porto; gerir a supervisão das actividades de entrada e saída de navios do porto, a movimentação da carga, a garantia da segurança marítima e a prevenção da poluição ambiental; emitir e coordenar os serviços marítimos, o equipamento de movimentação e as actividades do cais; especificar e ajustar as taxas de frete dos serviços de movimentação de carga e de armazenagem...

Em segundo lugar, a Singapore Port Operation Company (PSA) actua como operador portuário de acordo com o direito das empresas. A empresa tem o direito de participar livremente na exploração do porto de Singapura com a autorização da Autoridade Marítima e Portuária.

2.2.2. Tailândia

A Autoridade Portuária Tailandesa (Thai Port Authority) é uma organização com personalidade jurídica plena, estabelecida em conformidade com a legislação da Tailândia. Atualmente, na Tailândia, existem cinco (05) grandes portos: Laem Chabang, Bang-Coc, Ranong, Chieng Sean e Chieng Khong, que não estão sob a gestão direta da Autoridade Portuária Tailandesa. Entre eles, o porto de águas profundas de Laem Chabang (a 120 km de Banguecoque, a sudeste) aplica o modelo "Landlord *port*" há mais de 10 anos. Assim, as organizações privadas alugam a infraestrutura do cais para a operação e alguns outros serviços dentro do porto. Isto ajuda o porto de águas profundas de Leam Chabang a desenvolver-se fortemente, com a quantidade de contentores que passam pelo porto a constituir a maior parte de todo o sistema portuário da Tailândia. O porto de Banguecoque aplica o modelo de "porto de serviço público", no qual o investimento e a operação direta são feitos pela autoridade portuária; este modelo promove o papel de coordenação da carga (especialmente contentores) entre os grandes portos para evitar a sobrecarga do porto e a espera pelos navios.

Os objectivos da Autoridade Portuária da Tailândia são os seguintes Gerir e operar o porto de Banguecoque de forma eficiente (desde que o Gabinete do Porto de Banguecoque transferiu esta função empresarial do porto); Melhorar as actividades empresariais portuárias em benefício do Estado e dos trabalhadores; Realizar os serviços (para além dos serviços de movimentação de carga) no porto.

A Autoridade Portuária da Tailândia concretiza os objectivos acima referidos como grupos estratégicos específicos de tarefas no âmbito da sua autoridade, do seguinte modo

Primeiro grupo a: Investir, adquirir, alugar, arrendar e explorar o equipamento de movimentação de cargas, ferramentas de movimentação, instalações e outros serviços do porto; Comprar e vender, possuir, arrendar, tratar, explorar bens móveis, imóveis dentro da área do porto; Dragagem, manter as vias de entrada e saída de água sob a gestão da Autoridade Portuária; Controlar, desenvolver e fornecer equipamento de seguro de segurança marítima dentro da área do porto; Preparar e decidir a taxa de honorários e preços de serviços, e emitir obrigações para efeitos de investimento no desenvolvimento do porto.

Segundo grupo: A constituição de sociedades de responsabilidade limitada e de empresas comuns com parceiros estrangeiros para a exploração do porto deve respeitar os objectivos da Autoridade Portuária da Tailândia. A estrutura de capital da empresa comum deve respeitar a legislação tailandesa, segundo a qual a parte estrangeira não pode contribuir com mais de 49% e a autoridade portuária tailandesa deve contribuir com pelo menos 51%.

2.2.3 Japão

A lei japonesa relativa aos portos marítimos (em 1950) especificou o modelo de gestão portuária, incluindo: Autoridade Portuária (Port Authority - *PA)* e *Órgão de Gestão Portuária (Port Management Body - PMB).*

A administração local - no local do porto ou que gere diretamente o equipamento do porto, pode criar uma autoridade portuária constituída por um conselho de administração com 7 membros, com funções de definição da política de desenvolvimento do porto, gestão direta e exploração do porto. No caso dos portos sem autoridade portuária, o governo local pode criar um conselho de administração para gerir e explorar os portos. No entanto, atualmente, no Japão, existe apenas uma única autoridade portuária e cerca de 170 governos locais desempenham as funções de conselho de gestão portuária (PMB). Há também uma situação em que um PMB gere simultaneamente um porto internacional, dois portos principais e um porto auxiliar, como acontece com o governo da província de Shizuoka.

O governo central (Ministério do Território e das Infra-estruturas, dos Transportes e do Turismo do Japão - MLIT) tem os seguintes papéis e funções: concentrar-se na definição da macro-política de desenvolvimento portuário; gerir projectos portuários, classificar e autorizar os principais portos; elaborar e emitir leis e normas técnicas relativas à conceção e construção de portos marítimos; aconselhar e dar instruções aos PMB sobre a forma de gerir os portos; apoiar financeiramente os PMB e as empresas portuárias na construção de infra-estruturas portuárias; não explorar diretamente a atividade portuária; decidir projectos importantes sob a supervisão direta do Estado; realizar estudos, investigação e projectos de desenvolvimento portuário.

Conselho de Gestão Portuária - O PMB tem as seguintes funções: construir um projeto portuário; permitir que organizações e indivíduos utilizem os terrenos, cais e equipamento do porto; construir um projeto de proteção ambiental; arrendar e gerir as infra-estruturas portuárias pertencentes ao conselho de gestão; especificar e cobrar a taxa de utilização das infra-estruturas portuárias; regular as condições comerciais dos serviços no porto; construir e manter as infra-estruturas portuárias; inspecionar e alargar a zona aquática do porto e algumas outras tarefas relacionadas com a operação portuária.

2.2.4 China

A lei marítima chinesa, publicada em 1992 e em vigor desde 1993, não mencionava a gestão e a exploração portuárias. Até junho de 2003, a China publicou uma nova lei sobre os portos marítimos, que entrou em vigor em junho de 2004. O conteúdo principal da lei chinesa sobre os portos marítimos especifica que o governo local decide os métodos de gestão dos portos no âmbito da sua autoridade. A autoridade portuária é constituída por uma parte do comité popular da província, região autónoma ou cidade diretamente dependente do governo central onde existem portos.

O objetivo da Lei do Porto Marítimo da China é especificar questões para: 1) melhorar a gestão estatal do porto; 2) garantir a segurança, a proteção e a ordem na operação portuária; 3) proteger os benefícios legais e os direitos das partes; 4) promover o investimento na construção do desenvolvimento portuário.

O conteúdo principal da Lei dos Portos Marítimos da China especifica o seguinte 1) projeto portuário implementado pelo governo central e pela Autoridade Portuária; 2) execução da construção do porto; 3) aprovação das opções e projectos de operação do porto e obrigação dos operadores portuários; 4) questões de segurança do porto; 5) supervisão implementada pela Autoridade Portuária; 6) obrigações legais dos operadores portuários e da Autoridade Portuária.

Em conclusão, embora a nova lei dos portos marítimos da China esteja em vigor desde 2004, há muitos conteúdos que mostram a vontade do Governo chinês de gerir e operar os portos marítimos da melhor forma possível. Em especial, a clarificação das funções e responsabilidades do governo central e local na projeção, construção e desenvolvimento de portos marítimos assegura a unificação em todo o país.

2.2.5 Coreia

Em primeiro lugar, *o* processo de formação e desenvolvimento do sistema portuário na Coreia é um longo período desde 1970 até à atualidade. De facto, o sistema portuário coreano inclui dois grupos: os portos comerciais internacionais e os portos locais; destes, o grupo dos portos comerciais internacionais inclui cerca de 30 e o dos portos locais 25. Antes da década de 1970 - 1990 e na década de 2000, os portos comerciais internacionais eram geridos pelo Ministério dos Assuntos Marítimos e das Pescas da Coreia (atualmente, Ministério dos Assuntos Marítimos, dos Transportes e da Terra). Além disso, órgãos como a Administração Marítima Coreana, a Administração do Porto de Contentores de Koran e a Autoridade Portuária Coreana têm papéis e funções de construção e desenvolvimento de infra-estruturas nos portos coreanos.

Em segundo lugar, a Autoridade Portuária Coreana

Atualmente, a Autoridade Portuária na Coreia está sob os seguintes modelos: A Propriedade Estatal e a Propriedade Semi-Estatal, com autoridade e responsabilidade com as 03 áreas a seguir: (1) Korean Container Terminal Authority (KCTA): Autoridade Portuária de Contêineres da Coréia; (2) Autoridade Portuária de Busan (BPA): Autoridade Portuária de Busan; (3) Autoridade Portuária de Incheon (IPA): Autoridade Portuária de Incheon. Assim, o órgão de gestão do porto de contentores coreano desempenha o papel central na gestão administrativa das actividades portuárias. Todos os cais situados nestas três zonas são arrendados à KCTA ao abrigo de um contrato gratuito celebrado com o Governo coreano. Em seguida, a KCTA assina um outro contrato de aluguer a empresas que prestam serviços de movimentação de carga e cobram uma taxa. Em 2004, foi criada a Autoridade Portuária de Busan (Busan Port Authority-BPA); em 2005, foi criada a Autoridade Portuária de Incheon (Incheon Port Authority -IPA) e, em 2011, foi criada a Autoridade Portuária de Gwangyang (Gwangyang Port Authority-GPA), pelo que a função de gestão e supervisão do investimento no desenvolvimento de cais da KCTA terminou com um ajustamento.

As empresas que prestam serviços de movimentação de carga nos portos são supervisionadas e inspeccionadas pela Korean Container Terminal Authority - KCTA (exceto em Busan, Incheon e Gwangyang), sendo a KCTA diretamente gerida pelo Ministério dos Assuntos Marítimos, dos Transportes e dos Solos da Coreia - MLTM. Esta organização opera e gere todas as actividades do sistema portuário marítimo nacional em nome do Governo coreano.

O Governo coreano investe igualmente na construção das infra-estruturas do sistema portuário acima referido e disponibiliza terrenos para a expansão do cais e dos serviços logísticos de apoio às autoridades portuárias: BPA, IPA e GPA estão autorizadas a alugar a infraestrutura gratuitamente. Em seguida, a BPA, o IPA e o GPA alugam-nas a empresas que prestam serviços de movimentação de carga, cobrando taxas. As autoridades portuárias dos outros portos, também em nome do Governo Nacional, gerem as infra-estruturas do cais e alugam-nas a empresas que prestam serviços de movimentação de carga e cobram taxas.

Em terceiro lugar, o modelo de gestão do porto coreano

De um modo geral, os portos coreanos têm passado por diferentes fases de construção e desenvolvimento portuário. No primeiro período, a área pública desempenha o papel principal e único nas actividades portuárias, desde a definição de estratégias, o planeamento do projeto de desenvolvimento portuário até à exploração do porto. Este modelo nasceu devido às necessidades da economia central orientada para o desenvolvimento da carga de importação e exportação principalmente através dos portos marítimos, o que afecta muito as necessidades do desenvolvimento portuário coreano. No entanto, revela algumas desvantagens de gestão, tais como: falta de dinamismo, aumento da burocracia, ... Para corrigir esta situação, o governo coreano permitiu que o sector privado participasse no investimento, na construção e no desenvolvimento dos portos (incluindo empresas privadas nacionais e estrangeiras) e partilhasse o mercado da indústria portuária.

O envolvimento do sector privado nesta indústria portuária tem um impacto positivo e ajuda a atrair muitos projectos de investimento do estrangeiro. O que as empresas comuns estão a exigir é um "modelo de gestão portuária" transparente. Por isso, o "modelo de gestão portuária" deve ser alterado para satisfazer os requisitos de aumento da competitividade no domínio da gestão e operação portuárias.

Quadro 2. 1- Resumo das questões básicas na aplicação dos modelos de gestão portuária de alguns países da Europa e da Ásia

Country name/ Port name	Management Model	Function of the State management	Function of Port Operation	Service fee & dues
FRANCE, **Lehave Port**	- Tool Port Model - Port Authority is directly managed by Transport Ministry - Director Board & Managing Director	- All infrastructure owned by the State; - Port Authority actively invests in expanding and operating port.	- Port Authority directly execute port operation; maintenance, maritime safety insurance during port operation	- Port Authority is allowed to collect port fees; have revenue fromn renting out port's real estate - Verification, inspection, customs, defend army are carried out by the State; - Services: tugboat, repair, are self-provided or outsourced.
NEITHERLAND **Rotterdam Port**	- Landlord Port Model; - Port Authority	- The State owns all land and water zones;	- Port Authority rent out the port to	- Port Authority has right to issue port fees

Country name/ Port name	Management Model	Function of the State management	Function of Port Operation	Service fee & dues
	consists of central and local governments; (Central government 30%, Local government 70%)	- The State only invests in infrastructure of port; does not operate port.	private organizations and individuals for operation; - Private organizations have right to purchase all equipment, like crane,… for port operation.	and directly collect the fees. - Port provides the services: tugboats, repair, ..; - The State does verification, inspection, customs, defend army.
BELGIUM **Antwerp Port**	- Landlord Port Model - Port Authority consists of central government and local government - Capital contribution rate is specified for	- All infrastructure of port (land zone, water zone, quays...) belongs to Port Authority. - Port Authority invests in infrastructure of the port	- Port Authority rent out port infrastructure to private organizations and individuals for port operation activities.	- Port Authority issues port fees and directly collects the fees from cargo owners, ship owners. - Issuance of permission for ship to get in/out of port,

Country name/ Port name	Management Model	Function of the State management	Function of Port Operation	Service fee & dues
	specific items - There are Director Board, and local Managing Director		Contract valid period is 20-50 years - Organizations and individuals are allowed to invest in handling equipment, transport means and warehouse, ground, etc....	verification, inspection, safety, security,... falls to the State's responsibility. Pilot is a governmental organization. - Other services: tugboat, repair,.. are carried out by port.
SINGAPORE	- Landlord Port model from 1997 - Consists of 02 organizations: + Singapore Maritime & Port Authority; + Singapore Port	- Singapore Port Authority has proprietary of port and right to operate port: + Manage port land, renovate and develop port; + Manage	- Singapore port operation company follows the Enterprise Law as a port operator; It also has freedom of an	- Singapore Port Authority specifies, adjusts service fees of cargo handling, warehousing, and directly collects these

Country name/ Port name	Management Model	Function of the State management	Function of Port Operation	Service fee & dues
	Operation Company	supervision of ship getting in/ out of port. Insure the security and safety, prevent environmental pollution, issuing permission for maritime activities.	international port operator - Private companies are allowed to involve in operating port, with permission from Singapore Port Authority	fees from cargo owners and shipowners.
THAILAND **- Leam Cha Bang, Ranong , Chieng Sean, Chieng Khong, Băng-Cốc**	- Land lord Port Model is applied for 04 ports: Leam Cha Bang, Ranong, Chieng Sean, Chieng Khong - Public service port is applied for Bangkok port.	- Thailand Port Authority manages 05 ports, of which - 04 ports: + PA invests, purchases, rents out, operates handling equipment... + Purchases, sells, owns, rents	- Organizations and individuals rent the followings from Port Authority: + port infrastructure (through tender process);	- Port Authority Leam Cha Bang: + Manages and collects the fee of renting out wharf as per renting contract, quay fees and tugboat fee provided by

Country name/ Port name	Management Model	Function of the State management	Function of Port Operation	Service fee & dues
		out real estate and movables; + Maintains, dredges, controls, provides safety and security equipment. + Establishes a limited company, joint venture with foreign partner with capital contribution rate (49-51%)... - *Bangkok Port Authority:* In addition to investing in infrastructure of port, PA directly manages port operation.	+ Cargo handling equipment; + Real estates and movables of port... - Contract of leasing Leam Cha Băng port is valid for 30 years.	Leam Cha Bang PA; + Self manages of finance and reports to Thailand Port Authority PAT

Country name/ Port name	Management Model	Function of the State management	Function of Port Operation	Service fee & dues
JAPAN	There are 02 models of port management: - Port Authority -PA - Port Management Body – PMB has tasks of: + Developing port project; allowing organizations and individuals to use land and water zone of port, quays and equipment. + Renting out and managing infrastructure; protecting environment; + Developing,	- Local government has tasks of: + Developing port development policy + Directly managing port operation; + Implementing functions of PMB. - Central government has tasks of: + Developing macro policy of port development; + Managing port projects; classifying to authorize main port management;	- Organizations and individuals are allowed to use port's land and water zones, quays and handling equipment, serving cargo handling and warehousing and storage.	Port Management Board has rights to: - Specify and directly collect the fees of using infrastructure of port. - Specify conditions of providing port services.

Country name/ Port name	Management Model	Function of the State management	Function of Port Operation	Service fee & dues
	specifying conditions of providing port services; + Building, maintaining infrastructure; surveying for expanding port's water zone	Building and issuing technical standards of port design + Advising and supporting PMP and deciding important projects + Not directly involving in port.		
CHINA	- Port Authority, consists of Central Government and Local Government: + Local government decides method of port management. + Port Authority is a part of	- Central Government & Port Authority carry out: port project; regulating port construction; approval of port operation proposal; supervision of all maritime safety activities; legal		

Country name/ Port name	Management Model	Function of the State management	Function of Port Operation	Service fee & dues
	People' Committee of the province, autonomous area where ports located	obligations of port operators		
KOREA - **Korean Container Terminal;** **- Busan Port;** - **Incheon Port**	Currently, there are 03 Port Authorites existing under the model of the State ownership, semi state ownership in the 03 areas: - Korean Container Terminal Authority (KCTA) - Busan Port Authority (BPA) - Incheon Port Authority (IPA)	- KCTA is supervised by the Korean Ministry of Maritime, Transport and Land (MLTM) - KCTA plays a central role in port administrative activities; - Port Authorities BPA, IPA, GPA are allowed to rent the land sources spared for port development and	- Cargo handling services providers: + supervised by KCTA (except for Busan, Inceon, and Gwangyang). + are allowed to rent port infrastructure from Port Authority for operation.	

Country name/ Port name	Management Model	Function of the State management	Function of Port Operation	Service fee & dues
	* Initially, with the model "Public Service Port"; * Now with the model "Port administration"- with involvement of foreign and domestic private partner in investment and operation	logistics services free of charge		

Fonte: Resumido pelo autor

2.3. *Comentário geral da Autoridade Portuária*

Assim, de um modo geral, a Autoridade Portuária tem as seguintes funções, tarefas e papéis:

- Sobre a gestão do Estado:

+ Desenvolvimento da política de desenvolvimento portuário

+ A Autoridade Portuária é proprietária de toda a zona terrestre, zona aquática e infra-estruturas do porto.

+ A Autoridade Portuária gasta capital para investimento na renovação e construção de infra-estruturas portuárias

+ A Autoridade Portuária gere e supervisiona todas as actividades de entrada e saída de navios do porto; garante a segurança, a proteção, a prevenção da poluição ambiental, a emissão de serviços marítimos.

+ A Autoridade Portuária é pró-ativa na manutenção, dragagem e controlo da passagem da água.

- Sobre o funcionamento do porto:

+ A Autoridade Portuária executa e organiza diretamente a operação portuária

+ A Autoridade Portuária arrenda as infra-estruturas portuárias a organizações e indivíduos para a operação portuária; estas organizações e indivíduos compram equipamento para serviços de manuseamento de carga.

+ A Autoridade Portuária adquire equipamento para a operação portuária

+ A Autoridade Portuária emite taxas portuárias e cobra diretamente essas taxas

+ A Autoridade Portuária presta serviços de rebocadores, reparação

+ Todas as actividades de verificação e inspeção da segurança e da proteção são da responsabilidade do Estado

Ao mesmo tempo, resumido a partir da experiência de aplicação dos Modelos de Autoridade Portuária de países do mundo, reconhecemos que:

No modelo de Autoridade Portuária pode estar envolvido apenas o governo central ou o governo local, mas na maioria dos casos, ambos se combinam no modelo de Autoridade Portuária e o governo local ocupa frequentemente uma parte maior.

É fácil perceber a vantagem da Autoridade Portuária quando o governo local desempenha o papel essencial através dos seguintes factores

- Em primeiro lugar, o governo local é o órgão representativo da gestão do Estado e da propriedade da terra. Por conseguinte, com a participação do governo local, a propriedade dos terrenos é reforçada, o que facilita a execução das funções e tarefas da autoridade portuária. Além disso, fora da zona portuária, todo o sistema de transporte rodoviário que liga o porto à sua zona posterior é gerido pela administração local. Assim, o projeto da Autoridade Portuária será global e benéfico para o desenvolvimento do porto
- Em segundo lugar, o governo local tem um sistema de segurança (polícia) para facilitar a implementação dos requisitos de segurança da Autoridade Portuária.
- Em terceiro lugar, a gestão das infra-estruturas efectuada pelo governo local será mais prática e eficaz. A Autoridade Portuária será mais pró-ativa na manutenção das infra-estruturas portuárias e na sua estabilização através de uma estratégia de

desenvolvimento das infra-estruturas.

- Em quarto lugar, uma boa cooperação entre a autoridade portuária e o governo local ajudará a simplificar os procedimentos administrativos na gestão e operação do porto.

CAPÍTULO 3
AVALIAÇÃO DO ACTUAL SISTEMA DE GESTÃO DO PORTO MARÍTIMO DE HAIPHONG

3.1. Panorama do sistema portuário marítimo do Vietname

O sistema portuário marítimo do Vietname é uma parte da infraestrutura de transportes, a fim de satisfazer as necessidades de carga/descarga, transição, recolha/entrega, etc. .... carga e clientes que chegam e saem dos portos. São também uma parte indispensável de um círculo de actividades de zonas industriais, zonas de transformação e exportação, zonas económicas em todo o país.

De acordo com o ponto de vista moderno, para além das funções de manuseamento, conservação, armazenamento, trânsito de carga e passagem do cliente pelo porto, o sistema portuário do Vietname tem também a função de transição internacional (porto de transição Van Phong, Cai Mep, Thi Vai, etc.) e serviços logísticos, criando valores acrescentados com uma grande área traseira dos portos em todo o país.

No futuro, muitos dos grandes portos do sistema portuário do Vietname nas três regiões Norte - Centro - Sul formarão grandes áreas de retaguarda suficientes para servir todas as actividades exigidas pelas empresas que têm necessidades de importação e exportação de navios. Assim, o sistema portuário marítimo acompanhará o funcionamento de zonas económicas abertas, zonas comerciais livres, zonas industriais e zonas de transformação e exportação..., criando uma cadeia de serviços que liga portos - frota de navios - serviços marítimos e outros serviços de apoio.

Por conseguinte, o investimento no desenvolvimento do porto marítimo do Vietname promoverá o desenvolvimento da economia marítima, contribuindo grandemente para o desenvolvimento económico regional da região que possui portos, bem como da indústria marítima e de todo o país. O desenvolvimento do sistema portuário do Vietname é uma base para alcançar o mar distante, contribuindo para promover a economia marítima, de modo a que, em 2020, seja a principal economia marítima, tal como definido na Resolução n.º 09 do Comité Central do Partido Comunista, Curso X da "Estratégia marítima do Vietname para 2020".

3.2. Panorâmica dos portos da região de Haiphong

O porto de Haiphong é um grande grupo de portos localizados na região Norte, pertencente ao sistema portuário marítimo do Vietname, sendo uma empresa estatal, diretamente sob a alçada da Vietnam National Shipping Lines, e convertida na Haiphong Port Joint Stock Company (desde 01/7/2014).

O porto de Haiphong tem uma localização conveniente, dentro do triângulo económico Hanói - Haiphong - Quang Ninh, sendo um ponto central do transporte rodoviário entre Haiphong e a área adjacente. Existe também um sistema de vias navegáveis interiores que vai do rio Cam a outros rios (rio Luoc, rio Thai Binh, etc.) e que se situa no interior da terra, atravessando províncias do delta e das terras altas do Norte, tais como Hai Duong, Hung Yen, Thai Binh, Nam Dinh, Bac Ninh, Bac Giang e Quang Ninh,...

A importância é que o porto de Haiphong é o maior "Gate Port" do Norte do Vietname, com infra-estruturas técnicas suficientes para servir uma economia mais desenvolvida da região. A infraestrutura do porto foi investida com muitos cais novos, cais, terraplenos e operada de forma eficiente. Atualmente, o porto tem 21 cais com um comprimento total de 3.567m (incluindo: Hoang Dieu, Chua Ve, Tan Cang, Ha Long, Bach Dang, Lan Ha...) e uma profundidade de frente de cais de 7,2m. O sistema de armazenamento do porto foi construído de acordo com elevados padrões de qualidade e dividido em áreas especializadas no que respeita às condições de conservação, carga e descarga, transporte e tipos de carga...

No entanto, o ponto fraco do porto de Haiphong é o sistema de passagem de água, longo e de alta velocidade de aluvião, que faz com que a passagem não seja suficientemente profunda e instável e cria uma faixa de lodo que obstrui a entrada e saída de grandes navios do porto. Embora a atividade de dragagem seja atualmente objeto de grande atenção, a profundidade só é mantida a - 7,2 m para navios com mais de 10 000 DWT, e o custo anual da dragagem é também muito elevado. Este é um dos maiores desafios (naturais) do porto de Haiphong neste momento.

Atualmente, no porto de Haiphong, há muitas empresas a operar simultaneamente no porto. Segundo as estatísticas, existem 39 empresas, como se segue:

Quadro 3. 1- Empresas que participam na exploração do porto de Haiphong

No.	**Company**	**Address**
1	Multi-modal Transport and Transport Agency Ltd., Co., - Haiphong branch	2 Fl., Hai An building, Km 2+200, Dinh Vu road
2	Haiphong Trading – Warehousing – Freight Forwarding JSC	5A Hoang Van Thu st., Hai Phong
3	Hai Phong Port Trading And Services JSC	3 Le Thanh Tong St., Hai phong
4	Port Authority and anchorage area of Bach Long Vi ship	Bach Long Vy Island
5	Asia Star Corporation	5 Ly Tu Trong st., Hai phong
6	Cua Cam PORT JSC	No. 2 Ngo Quyen St., Hai phong
7	NAM VIET MARITIME JS.,CO	Số 20 May to
8	Saigon Port Logistics Joint Stock Company	No CN 3.2 F, Dinh vu port
9	Newport - 128 Hai Phong Joint Stock Company	Ha Doan, Hai An, Hai Phong
10	Thong Nhat Investment Joint Stock Company	No CN3.2F Dinh vu Industry
11	SITC Dinh Vu Logistics	Dinh vu Port

No.	Company	Address
12	Hai phong port development JSC	No KB2.3, KB3.3, Dinh vu port
13	Newport - 189 Hai Phong Joint Stock Company	Dinh vu port
14	Vinalines JST, Dinh vu	No 282 Da Nang Str,.
15	ATS INTERNATIONAL	D11/10/177 Phuong Luu 1.2 2
16	Dinh Vu Logistics Corporation	Dinh Vu Industry
17	GREEN DEPOT	No 10 Road K9
18	Tiep van song than Dinh Vu Company Limited	No CN3.3B Dinh vu Industry
19	DINH VU SERDICO	No CN2.6A Dinh vu Industry
20	Thien Phat Logistics.,LTD	No Room 01, Centre Tan Cang 128 Hai Phong
21	NAM HAI MARINCO	No 55 Nam Hoa Street, Hai An, Hai Phong
22	NEWPORT 128 DEPOT	128 Port, Ha Doan, Hai An, Hai Phong
23	HI LOGISTICS VIETNAM, Company Limited	Nhà P2 lô đất LG KCN Tràng Duệ, KKT Đình Vũ -Cát Hải
24	MVG Đinh Vu Company Limited	No CN5.3I, Dinh Vu Industry
25	Hai Minh Maritime service Company Limited	3rd floor, Hai Minh tower, Nguyen Binh Khiem, Hai An, Hai phong
26	Hai Phong Branch - Tan Cang Joint Stock Company	Ha Doan, Hai An, Hai Phong
27	Haiphong port JSC	No 8, Tran Phu Hai Phong
28	TECHSECO	No 1 Le Thanh Tong, Hai Phong

No.	Company	Address
29	DHP LINES	No 4 Hoang Dieu, Hai Phong
30	Hai Phong Port Development Investment Services JSC	No 3 Le Thanh Tong, Hai Phong
31	HaiPhong TUTRANCO	No 4 Ly Tu Trong, Hai Phong
32	Doan Xa Port JSC	No 15 Ngo Quyen, Hai Phong
33	Vat Cach Port JSC	Km9 Hanoi road, Hai Phong
34	Dinh Vu port Development and Investment JSC	Dinh vu port
35	Nam Hai Port JSC	No 201, Ngô Quyền road, Hai phong
36	Dinhvu petroleum services port JSC	Dinh vu Industry
37	Dong Hai Port	Donghai 2, Hai An Dist., Haiphong
38	Nam hai Dinh vu Port JSC	Km 6 Đình Vũ road
39	NORTH NEWPORT LOGISTICS	128 port, Ha doan 2, Hai Phong

(Fonte: Instituto de Planeamento e Investimento de Haiphong)

Embora o número de empresas que operam nos portos seja bastante grande, com muitos tipos de empresas, apenas algumas das 39 empresas desempenham o papel principal de garantir a quantidade de carga através do porto.

3.3. Situação do modelo de gestão portuária no Vietname em geral e em Haiphong em particular.

3.3.1. Situação do modelo de gestão portuária no Vietname

Conforme analisado acima, a gestão portuária no Vietname está especificada na Lei Marítima do Vietname de 2015. No entanto, esta é mencionada de forma muito "geral" sobre a gestão, o investimento, o funcionamento das infra-estruturas e a via de passagem de água para cada tipo de porto (tipo I, II e III) no sistema portuário do Vietname. Em especial, a gestão das infra-estruturas portuárias e de passagem de água não é abordada como modelos de gestão portuária de: "Porto de serviço público", *"Porto de ferramentas"*, *"Porto de senhorio"*, *"Porto privado"* como em outros países do mundo e da região.

No entanto, com base nas actividades reais, bem como nas fases de desenvolvimento do porto na sequência do desenvolvimento económico nacional, a gestão portuária no Vietname pode ser dividida nos seguintes tipos

3.3.1.1 Modelo de serviço público:

Na fase anterior à década de 1990, o sistema portuário do Vietname incluía apenas 08 portos principais: Quang Ninh, Hai Phong, Nghe Tinh, Da Nang, Quy Nhon, Nha Trang, Sai Gon, Can Tho. Nestes portos, o Estado investiu em todas as infra-estruturas, dragou todas as vias de passagem, adquiriu todo o equipamento (grua, camião, empilhadora, etc.) utilizando capital do orçamento nacional e, em seguida, entregou as infra-estruturas às empresas públicas para as explorarem; estas empresas pagam impostos e taxas ao orçamento nacional em conformidade com os requisitos legais aplicáveis. A função de gestão estatal do porto pertence ao Ministério dos Transportes e o Ministério dos Transportes também transfere algumas áreas para a administração dos transportes marítimos do Vietname (atual Administração Marítima do Vietname). Após a década de 1990, especialmente na fase após 2000, devido ao desenvolvimento económico nacional, as necessidades de importação e exportação de carga por via marítima aumentaram cada vez mais, o sistema portuário do Vietname desenvolveu-se de forma mais forte e diversificada, a fim de satisfazer a quantidade de carga que passa pelo porto de 900 a 1.000 milhões de toneladas/ano em 2020 e 1.600-2.100 toneladas/ano em 2030.

Por conseguinte, os portos do sistema portuário do Vietname têm vindo a acelerar a "privatização", incluindo os portos que, há vários anos, eram "One member Limited Company" (como o porto de Haiphong e o porto de Saigão), sob as instruções do Ministério dos Transportes. Assim, a gestão e a exploração das infra-estruturas portuárias e das vias navegáveis serão muito diferentes, e o "porto de serviço público" deixará certamente de existir como nos anos 90 e, especialmente, na fase de 1990-2000.

3.3.1.2 Modelo do senhorio:

De facto, o conteúdo do modelo de senhorio é que o Estado apenas se concentra no investimento da infraestrutura portuária (solo, armazém, passagem, ... pertencente à zona terrestre, zona aquática do porto) e aluga a organizações privadas e indivíduos através de concurso público, pelo que é muito recente na gestão portuária no Vietname. No entanto, em 2003, o governo concordou em atribuir ao Ministério dos Transportes e à Administração Marítima do Vietname a elaboração de regulamentos para aplicação-piloto no porto de Cai Lan e assinar um contrato com o porto de Quang Ninh (uma sociedade anónima de um membro - 100% de capital do Estado) para funcionamento sob o formato de aquisição direta (sem concurso público). O Ministério dos Transportes encarregou a Administração Marítima do Vietname de elaborar um método de concurso e um contrato de locação de infra-estruturas de acordo com o modelo do senhorio (com base na experiência do porto de Cai Lan).

3.3.1.3- Modelo privado:

Este modelo tem vindo a desenvolver-se em todo o país, mas apenas com pequenas e médias dimensões em zonas que não são consideradas essenciais (na mesma zona portuária). As empresas privadas recebem uma licença de utilização de zonas terrestres e aquáticas sob a forma de arrendamento por 30 a 50 anos (como o porto de Vat Cach, pertencente ao porto de Hai Phong....), e estas empresas privadas investem elas próprias na melhoria e renovação das infra-estruturas do cais e do equipamento de manuseamento. Além disso, existe uma empresa comum com parceiros estrangeiros, como a VICT (uma empresa comum com Singapura), com uma taxa de contribuição de 49%-51% na zona do porto de Sai Gon. A VICT investiu ativamente em infra-estruturas de cais, vias de passagem, solo, etc. e gere e explora diretamente os portos há quase 30 anos.

3.3.2. Situação do modelo de gestão portuária na zona portuária de Hai Phong:

Desde a unificação em 1975, o modelo de gestão do porto de Haiphong tem sido quase o de um porto de serviço público.

3.3.2.1- Descrição do "modelo de serviço público" no porto de Haiphong:

- O Estado é proprietário de toda a zona terrestre, zona aquática e infra-estruturas do porto e atribui a sua gestão ao porto de Haiphong;

- O Estado investe na construção de todas as infra-estruturas do porto de Haiphong, utilizando capital do orçamento nacional e da APD (na fase anterior a 2000), incluindo infra-estruturas públicas e infra-estruturas portuárias, nomeadamente: cais, zona aquática dianteira do cais, oficinas, armazéns e instalações de serviços pertencentes ao terreno do porto de Hai phong.

- O Estado investe na aquisição de equipamento de movimentação (na fase anterior a 2000), incluindo principalmente gruas na linha da frente;

- O Estado atribui a uma empresa pública - o porto de Haiphong - a exploração direta das infra-estruturas e do equipamento de movimentação do porto e a gestão direta dos recursos humanos do porto para a prestação de serviços de movimentação de carga, transporte, armazenagem e outros serviços (rebocadores, reparações, etc.) no porto de Haiphong.

3.3.2.2- Funcionamento do "modelo de serviço público" no porto de Hai Phong em diferentes fases:

- ***Antes e depois de 1996**:*

Antes de 1996, o porto de Haiphong era uma empresa estatal que operava segundo o modelo de *"**serviço público**"*. Neste período, devido ao impacto do mecanismo de planeamento centralizado que se concentra na quantidade e não na receita ou no lucro, o porto de Haiphong apenas alcançou o objetivo da quantidade de carga que passa pelo porto (porto através da tonelagem) e obteve quase sempre valores negativos de lucro. O capital de investimento para infra-estruturas como o cais e o embarcadouro provinha quase exclusivamente do orçamento nacional e da APD (embora esta fonte de capital seja calculada nas receitas anuais do porto).

O equipamento é deficiente, o sistema de gruas é fraco e a maior parte do seu funcionamento é assegurado pela velha Rússia..., os velhos cais e terraplenos não foram melhorados e alargados para poderem satisfazer as necessidades de importação e exportação de carga. Durante este período, a quantidade máxima de carga transportada pelo porto foi de 4 a 6 milhões de toneladas por ano.

- ***Período 1996 - 2014:***

Em 1996, o Primeiro-Ministro assinou uma decisão para criar a Vietnam National

Shipping Lines, incluindo o porto de Haiphong, uma empresa pública que funciona de acordo com a lei das empresas, e ainda sob o modelo de ***"serviço público"***. Neste período, o capital de investimento em infra-estruturas provinha quase exclusivamente da APD, enquanto a fonte do orçamento nacional se reduzia gradualmente e se limitava tanto quanto possível ao desenvolvimento do porto. Em seguida, o porto de Haiphong foi convertido numa sociedade anónima unipessoal (com 51% do capital proveniente do orçamento nacional).

- ***Período 2014 - 2015:***

Em 01/7/2014, o porto de Haiphong foi convertido numa sociedade anónima. Tem o nome de "Haiphong Port Joint Stock Company", com funções e responsabilidades de negócio e operação portuária, incluindo 14 serviços principais relacionados com a movimentação de carga, transporte, armazenamento, etc. No entanto, o modelo ***"serviço público"*** *continua a* ser aplicado principalmente.

De um modo geral, apesar da mudança de tipo de empresa: de empresa pública para sociedade anónima de um membro e depois para sociedade por acções, o modelo de gestão do porto de Haiphong continua a ser essencialmente um "porto de serviço público", tal como analisado anteriormente.

3.3. Situação da gestão dos projectos portuários do Vietname em geral e de Haiphong em particular.

3.4.1- Planeamento do sistema portuário do Vietname

- *Em primeiro lugar,* ***sobre o ponto de vista do planeamento****:*

Em 24/6/2014, o Primeiro-Ministro assinou a Decisão n.º 1037/QD-TTg que aprova o ajustamento do planeamento do sistema portuário do Vietname para 2020, orientando-o para 2030; esta decisão constitui a base para o Ministério dos Transportes aprovar o plano pormenorizado dos 6 grupos de portos do Vietname, incluindo

(1) Grupo de portos no Norte, de Quang Ninh a Ninh Binh

(2) Grupo de portos no Centro-Norte, de Thanh Hoa a Ha Tinh

(3) Grupo portuário na zona central da região central, de Quang Binh a Quang Ngai;

(4) Grupo de portos na zona centro-sudeste, de Binh Dinh a Binh Thuan

(5) Grupo de portos na zona sudeste, incluindo Con Dao e o rio Soai Rap da província de Long An);

(6) Grupo de portos no Delta do Mekong, incluindo Phu Quoc e a ilha de South West

Entre os 6 grupos de portos previstos no plano geral de portos do Vietname, o porto internacional de transição de Van Phong (província de Khanh Hoa) (IA) foi concebido como porto de contentores para navios de 9000-15000 TEU (equivalente a 100 000 - 160 000 DWT). Segue-se um porto internacional, Lach Huyen - Hai phong e Cai Mep - Thi Vai - Vung Tau (todos são portos IA), concebidos de acordo com o plano como porto de contentores para navios de 4000-8000 TEU (equivalente a 50.000 - 100.000 DWT). Seguem-se 11 portos do tipo I (porto geral central regional); 19 portos do tipo II (porto geral local) e 6 (seis) portos especializados com cais geral.

A classificação dos portos (em IA, tipo I, tipo II e tipo III) é uma espécie de clarificação funcional e de definição de prioridades para o investimento no desenvolvimento das infra-estruturas dos portos em fases específicas, por exemplo:

+) ***Tipo IA,*** inclui: porto internacional de transição como Van Phong - Khanh Hoa; porto internacional de entrada como Lach Huyen - Hai Phong, Thi Vai - Cai Mep - Vung Tau, com funções de servir carga de importação e exportação, e atrair uma parte da carga internacional em trânsito da região, sendo um ponto de ligação que forma uma rota de navegação para países da Europa e da América.

+) ***Tipo I,*** incluindo: portos gerais, pontos de ligação regionais, que desempenham funções de recolha de carga, ou portos satélites do porto IA e prestam serviços de carga importada e exportada na rota com distância média.

+) ***Tipo II,*** incluindo: portos gerais locais, que quase recolhem a carga da área adjacente e são satélites para portos internacionais; este tipo é investido pelo orçamento do governo local e outras fontes de capital socializado.

+) ***Tipo III,*** incluindo: portos especializados, servindo zonas industriais centrais;

este tipo de portos é investido de acordo com a sua capacidade e necessidades, utilizando o capital dos investidores da zona industrial.

- *Em segundo lugar,* ***o plano específico de cada grupo de portos é o seguinte***

(1) Grupo de portos no Norte (Grupo 1):

Assegurar a capacidade de 112 ÷ 125 milhões de toneladas/ano em 2015; 146 ÷ 176 milhões de toneladas/ano em 2020 e 320 milhões de toneladas/ano em 2030. Concentrar os recursos para completar o investimento de desenvolvimento do porto de Haiphong International Gate em Lach Huyen para poder receber navios até 100.000 DWT, criando uma porta para a carga de exportação do Vietname na rota de transporte distante, e atrair uma parte da carga internacional de transição na região.

(2) Grupo de portos na zona Centro-Norte (Grupo 2):

Assegurar uma capacidade de 68 ÷ 91 milhões de toneladas/ano em 2015; 129 ÷ 186 milhões de toneladas/ano em 2020 e 263 milhões de toneladas/ano em 2030. Concentrar-se no desenvolvimento de três portos principais: Porto de Nghi Son para receber navios de 30.000 a 50.000 DWT; porto de Cua Lo para satisfazer as necessidades dos navios de 10.000 a 20.000 DWT no sul de Cua Lo e de 30.000 a 50.000 no norte de Cua Lo; porto de Son Duong - porto de Vung Ang para receber navios gerais, navios porta-contentores até 50.000 DWT e navios especializados de 10.000 a 300.000 DWT.

(3) Grupo de portos na zona central da zona central (Grupo 3):

Assegurar uma capacidade de 41 ÷ 47 milhões de toneladas/ano em 2015, 82 ÷ 104 milhões de toneladas/ano em 2020 e cerca de 154 milhões de toneladas/ano em 2030. Concentrar-se na construção de alguns cais do porto central, área para navios gerais até 50.000 DWT em Tien Sa, Dung Quat; cais geral especializado para a zona industrial e refinaria em Dung Quat com navios 50.000 - 350.000 DWT; cais para carvão que serve a fábrica de energia térmica em Quang Binh para navios 10.000 - 100.000 DWT.

(4) Grupo portuário da zona Centro-Sul (Grupo 4):

Assegurar uma capacidade de 64,5 ÷ 94,5 milhões de toneladas/ano em 2015; 144 ÷ 198 milhões de toneladas/ano em 2020 e cerca de 285 milhões de toneladas/ano em

2030. Concentrar-se no desenvolvimento de portos gerais e especializados para navios: em Quy Nhon até 30.000 DWT, em Van Phong navios porta-contentores 9.000 - 15.000 TEU e em Cam Ranh navios gerais e porta-contentores 30.000 - 50.000 DWT.

(5) Grupo de portos na zona Sudeste (Grupo 5):

Assegurar a capacidade de 169 - 200 milhões de toneladas/ano em 2015; 235 - 317 milhões de toneladas/ano em 2020 e 393 - 681 milhões de toneladas/ano em 2030. Concentração no desenvolvimento de portos na cidade de Hochiminh na zona de Cat Lai, Hiep Phuoc para receber navios de 30.000 a 50.000 TPB, dragagem da passagem no rio Soai Rap para navios até 50.000 TPB. O porto de Vung Tau recebe navios até 100.000DWT (8.000TEU) na zona Cai Mep - Thi Vai. Continuar a renovar a via de passagem para poder receber navios com mais de 100 000 DWT em Cai Mep. O porto de Dong Nai concentra-se no desenvolvimento do cais em Phuoc An, Nha Be, Long Tau para os navios até 30.000 DWT.

(6) Grupo de portos da zona do delta do Mekong (Grupo 6):

Assegurar a capacidade de 56 - 70 milhões de toneladas/ano em 2015; 132 - 152 milhões de toneladas/ano em 2020; 216 - 305 milhões de toneladas/ano em 2030. Desenvolver o porto de Can Tho como porto central geral nacional, ligando portos locais e cais especializados na zona do rio Tien, do rio Hau, da península de Ca Mau, ao longo do mar de Tay e da ilha de Phu Quoc como portos satélite. Estudar e desenvolver os métodos de transporte de carvão importado por navios com mais de 100 000 DWT, que servem as fábricas de eletricidade; e os métodos de transferência de carga para grandes navios com mais de 100 000 DWT na zona fora da foz do rio Hau. Estudo para desenvolver o porto de Dinh An - Tra Vinh na zona de água doce protegida por um quebra-mar pertencente à central eléctrica de Duyen Hai e uma passagem para os grandes navios de 30 000 - 50 000 DWT ou maiores que chegam ao rio Hau através do canal Quan Chanh Bo (um porto potencial).

Em terceiro lugar, a ***situação do sistema portuário do Vietname***

Com base na Decisão n.º 70/2013/QD-TTg de 19/11/2013 do Primeiro-Ministro que publica a lista de categorias dos portos do Vietname, existem 44 portos, dos quais: 3 portos IA, 11 portos de tipo I, 17 portos de tipo II e 13 portos de tipo III.

- *Em quarto lugar, a* ***situação da implementação da função de gestão especializada do Estado nos portos do Vietname****:*

+ O Ministério dos Transportes, a Administração Marítima do Vietname (sob a tutela do Ministério dos Transportes) representa o Estado para implementar a função de gestão especializada em portos marítimos no âmbito nacional;

+ A Administração Marítima do Porto (estacionada na zona portuária), sob a alçada da Administração Marítima do Vietname, desempenha funções de gestão marítima especializada no porto;

+ A força aduaneira sob a tutela do Ministério das Finanças (estacionada no porto) executa as funções de gestão da inspeção e dos procedimentos de importação e exportação, do desalfandegamento da carga, etc., nos portos;

+ A força militar de defesa sob a tutela do Ministério da Defesa (estacionada no porto) executa as funções de gestão dos procedimentos de importação e exportação, dos procedimentos de imigração para marinheiros e marítimos, da segurança, ... dos navios que transportam carga importada e exportada no porto;

+ A força de quarentena da fauna e da flora, sob a tutela do Ministério da Medicina e do Ministério da Agricultura e do Desenvolvimento Rural (estacionada nos portos), desempenha as suas funções de quarentena humana, da fauna e da flora para cargas de importação e exportação no porto.

Estas forças, que pertencem aos ministérios e às indústrias, executam as funções de gestão do Estado no porto; para completar os procedimentos de chegada e saída dos navios do porto, estas forças cooperam para formar uma equipa multifuncional para inspecionar os navios.

- *Em quinto lugar, a* ***situação da gestão da construção das infra-estruturas portuárias****:*

A infraestrutura técnica dos portos marítimos inclui uma infraestrutura pública e uma infraestrutura de cais. De acordo com os requisitos legais do Vietname, o investimento e a gestão da construção de infra-estruturas portuárias marítimas são especificados da seguinte forma:

+ *Gestão e construção de infra-estruturas públicas, incluindo:* portos marítimos, vias de passagem de água, sistema de sinalização marítima (luzes de selagem, bóias, sinais, etc.) e outras obras auxiliares investidas com capital do orçamento nacional (da taxa de segurança marítima). Estas infra-estruturas públicas são investidas, geridas, mantidas e exploradas pelo Ministério dos Transportes, pela Administração Marítima do Vietname e pela Segurança Marítima do Vietname.

+ *Gestão, construção de infra-estruturas de cais,* incluindo: cais, zona de água dianteira do cais, armazém e terreno, oficina, escritórios, instalações de serviço, sistema de tráfego (rodoviário, ferroviário dentro do porto), sistema de comunicação, sistema de eletricidade e água, e outros sistemas auxiliares, construídos e fixados na zona terrestre e na zona de água do porto. As infra-estruturas do cais foram investidas de várias formas:

+ *Para cais 100% detidos e geridos por empresas públicas:* O Estado investiu na construção de infra-estruturas portuárias e designou empresas estatais que detêm 100% do capital para gerir e operar, como o grupo portuário de Haiphong, o grupo portuário de Da Nang, o grupo portuário de Hochiminh (exceto algumas empresas que foram privatizadas)..;

+ *Para o cais de uma empresa comum:* os investidores estrangeiros contribuem (de acordo com o requisito legal do Vietname de uma percentagem de contribuição de 49% - 51%) para construir as infra-estruturas e adquirir equipamento (grua, empilhadora, ...) para a gestão conjunta e a cooperação, tal como acontece com a VICT16/2008/QD-TTg - pertencente ao grupo portuário de Hochiminh;

+ *Para cais privado:* As empresas privadas assinam contratos com os órgãos autorizados para alugar toda a zona terrestre e zona aquática (pertencente à infraestrutura do porto) por um período de contrato válido (30 a 50 anos), investem na construção da infraestrutura do cais e adquirem equipamento para a operação portuária, tais como: algumas áreas terrestres, áreas aquáticas de Vat Cach (porto de Hai Phong).

+ *Cais de aluguer:* neste formato, o Estado gasta o seu capital para construir infra-estruturas de cais, terra e draga de passagem, ... e depois aluga a empresas para exploração.

Além disso, no período de 2005 a 2015, o grupo portuário de Hai Phong estabeleceu continuamente novos cais e operou eficazmente ao abrigo do modelo de porto de serviço público, por exemplo:

- New Port 128 JSC: nasceu em 2009 com base na 128 One Member Limited Company e na Viet Port Investment JSC. Em 2013, a reestruturação dos detentores de acções estratégicas: 128 One Member Limited Company e New Port Freight Forwarding and Agency JSC, deu um passo decisivo na orientação do desenvolvimento da New Port 128 JSC no seu âmbito de atividade, incluindo: Manuseamento de carga, expedição de carga de importação e exportação, carga/descarga de contentores e outras cargas; agência de transporte rodoviário e fluvial; armazenagem, armazenamento, serviço de grua, serviços aduaneiros, serviços de pacotes logísticos, a fim de maximizar a conveniência e os benefícios para os clientes. Com um comprimento de cais de 225m (que será de 295m); uma área total de mais de 160.000 m^2 , uma área de terra para contentores de 107.000 m^2 , uma capacidade de armazenamento de mais de 6.000 TEU; uma área total de CFS de 5.000m^2 , juntamente com um sistema moderno e abrangente de equipamento de manuseamento: Sistema de grua Liebherr, grua Mi-jack com capacidade de 40 toneladas; empilhador de contentores, camião e reboque de contentores, empilhador pequeno. O cais está localizado na estrada 356, na primeira ligação de transporte do entroncamento T de Dinh Vu para o porto de Dinh Vu, tornando-o mais conveniente para a circulação de carga e importação e exportação do porto.

- New Port 189 JSC: criada em 2011, como uma joint-venture da Empresa 189 - Ministério da Defesa e Sai Gon New Port, com actividades de armazenagem e armazenamento, manuseamento e embalagem, transporte ferroviário, transporte costeiro de carga e clientes, construção de navios e estruturas flutuantes... A New Port 189 está situada no 5.º andar do edifício 189, na estrada Dinh Vu.

3.4.2- Planeamento do sistema portuário na zona do porto de Hai Phong:

- ***Planeamento Ponto de vista e conteúdo:***

De acordo com o ponto de vista do planeamento geral do desenvolvimento do sistema portuário do Vietname para 2020, orientado para 2030 pelo Primeiro-Ministro, tal como acima analisado, a área do porto de Haiphong pertence ao *Grupo 1 - O Grupo dos portos do Norte,* e Typ IA.

Por conseguinte, os objectivos e a orientação da zona portuária de Haiphong consistem em assegurar uma capacidade de 112 ÷ 125 milhões de toneladas/ano em 2015; 146 ÷ 176 milhões de toneladas/ano em 2020 e 320 milhões de toneladas/ano em 2030, concentrar os recursos para completar o investimento de desenvolvimento da porta internacional de Hai Phong no cais de Lach Huuyen para poder receber navios até 100 000 DWT, criando uma porta de saída para a carga de importação e exportação do Vietname na rota marítima distante, atraindo uma parte da carga internacional em trânsito na região.

- ***Estado da gestão do planeamento:***

A gestão do planeamento portuário na área de Hai Phong segue os requisitos da Lei Marítima do Vietname, da Resolução do Governo e de outros documentos legais especializados, cuja implementação é gerida pelos órgãos especializados do Estado, como o Ministério dos Transportes, o Ministério das Finanças, o Ministério do Planeamento e Investimento, a Administração Marítima do Vietname, que também implementam diretamente *"o planeamento geral do desenvolvimento do sistema portuário do Vietname até 2020, orientado para 2030"* pelo Primeiro-Ministro, incluindo a área do porto de Hai Phong.

- ***Situação das actividades dos cais pertencentes ao porto de Hai phong:***

Atualmente, o porto de Hai Phong tem 42 cais incluídos na lista dos portos do Vietname *(de acordo com a Decisão n.º 16/2008/QD-TTg de 28/01/2008 do Primeiro-Ministro, que publica os tipos de portos do Vietname).* Existem várias entidades envolvidas na exploração destes 42 cais. No entanto, o investimento na construção de infra-estruturas de cais, armazéns, terrenos e aquisição de equipamento de manuseamento depende sobretudo da capacidade (de recursos) das "Entidades", o que conduz a um estatuto de "cada um por si".

Por conseguinte, não existe um *"modelo de gestão portuária"* unificado, *nem uma "autoridade portuária"* adequada para explorar eficazmente os cais do porto de Hai Phong, de acordo com os objectivos e a orientação do *"Planeamento geral do desenvolvimento do sistema portuário do Vietname até 2020, orientado para 2030"*, estabelecido pelo Primeiro-Ministro.

Quadro 3. 2- Lista dos cais do porto de Hai Phong

No.	Wharf Name	Port
1	Hai Phong wharf	Hai Phong Port
2	Vat Cach wharf	
3	Dinh Vu port investment and development wharf	
4	Dinh Vu development joint venture wharf	
5	Dinh Vu Petrolium wharf	
6	Doan Xa wharf	
7	Transvina wharf	
8	Hai Dang wharf	
9	Viconship wharf	

No.	Wharf Name	Port
10	Chua Ve container wharf	
11	Cua Cam wharf	
12	Thuy San II wharf	
13	Thuong Ly wharf	
14	Gas Dai Hai wharf	
15	Total Gas Hai Phong wharf	
16	Petec Hai Phong Petroleum wharf	
17	Thang Long liquefied gas wharf	
18	Bach Dang Ship building wharf	
19	Caltex wharf	
20	Nam Trieu Shipyard wharf	
21	Pha Rung Shipyard wharf	
22	Lilama Hai Phong wharf	
23	Ha Long Fishery wharf	
24	Ha Long engineering wharf	
25	K99 Oil wharf	
26	Defence Army wharf	
27	Company 128 wharf	
28	Chua Ve material wharf	
29	Dong Hai wharf	
30	Hai An wharf	
31	Tien Manh wharf	

No.	Wharf Name	Port
32	Dinh Vu General wharf	
33	Company 189 Decoration wharf	
34	Song Da 12 wharf	
35	Nam Hai wharf	
36	Petroleum Transport & Supply wharf	
37	DAP (Vietnam Chemical) wharf	
38	PTSC Dinh Vu wharf	
39	Military Chemical & Oil wharf	
40	Company 189 Ltd., wharf	
41	Dinh Vu Industrial Zone Petroleum wharf	
42	Hai Linh Oil & Gas Hai Phong wharf	

Fonte: Administração Marítima do Vietname

3.5. Estrutura organizacional, funções e responsabilidades das unidades relacionadas com a gestão e o funcionamento do porto de Hai Phong.

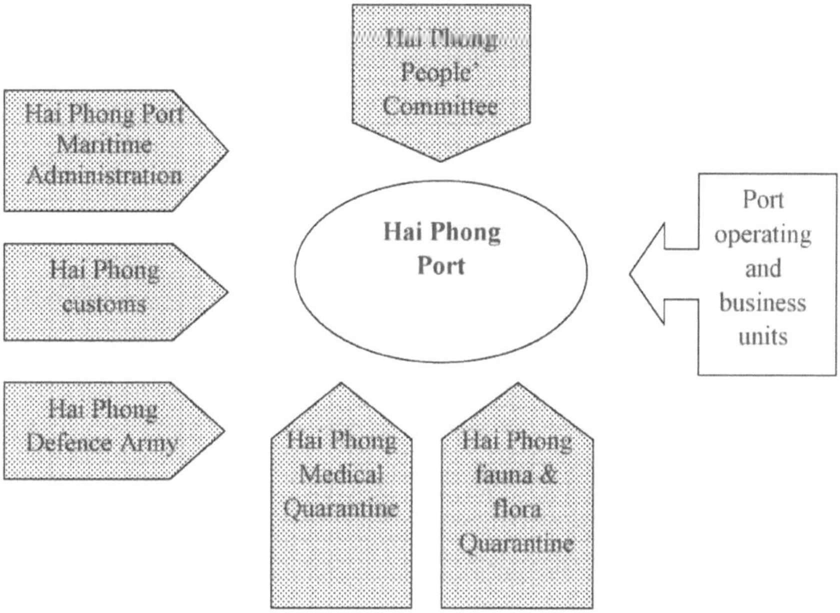

Figura 3. 1 - Mapa das unidades de gestão e de exploração do porto de Hai Phong

3.5.1. Estrutura organizacional, funções e responsabilidades das unidades que gerem o porto de Hai Phong

A gestão especializada do Estado no porto é agora atribuída aos órgãos do Estado com funções e responsabilidades específicas, como se segue:

+ Ministério dos Transportes, a Administração Marítima do Vietname (sob a tutela do Ministério dos Transportes) representa o Estado para funcionar como órgão especializado das actividades portuárias em todo o país;

+ A Administração Marítima do Porto de Hai Phong (estacionada na zona portuária), sob a alçada da Administração Marítima do Vietname, funciona como órgão especializado do Estado em matéria marítima no porto;

+ Força Aduaneira sob a tutela do Ministério das Finanças (estacionada no porto) funciona como gestão estatal da inspeção, dos procedimentos de importação e exportação, do desalfandegamento.... no porto;

+ A Força do Exército de Defesa, sob a tutela do Ministério da Defesa (estacionada no porto), é responsável pela gestão estatal da resolução do processo de imigração de marinheiros e marítimos, pela segurança ... dos navios que transportam carga importada e exportada no porto;

+ A força de quarentena e de quarentena da flora e da fauna do Ministério da Medicina e do Ministério da Agricultura e do Desenvolvimento Rural (estacionada no porto) efectua a quarentena da fauna e da flora humanas a bordo do navio que transporta carga importada e exportada no porto.

+ Comité Popular da Cidade: A cidade é uma unidade que representa o Estado na posse do direito de uso da terra para a execução das funções e responsabilidades relacionadas com esta tarefa. Ao mesmo tempo, o comité popular da cidade é também a unidade que gere os órgãos da administração local com grande impacto no funcionamento do porto, tendo mesmo muitas actividades com impacto indireto no funcionamento do porto, tais como: polícia de combate a incêndios; instituto de transportes para resolver os engarrafamentos fora da zona do porto; polícia para garantir a segurança na zona do porto...

São forças subordinadas aos ministérios da indústria, que implementam a gestão especializada do Estado nos portos, especialmente na conclusão dos procedimentos para os navios (nacionais e estrangeiros) que transportam carga importada e exportada (chegada e partida dos portos). Estas forças cooperam e formam uma equipa de aliança para inspecionar a operação do navio.

3.5.2. Estrutura organizativa, funções e responsabilidades da unidade operacional portuária

Basicamente, as empresas que operam nos portos da região de Hai Phong têm uma estrutura organizacional, funções e responsabilidades bastante semelhantes. Segue-se uma estrutura organizativa típica:

* **Organização**

* Conselho de Administração: Assembleia Geral de Accionistas, Conselho de Administração, Diretor Geral, Directores Gerais Adjuntos

* Departamentos, secções: Departamento Comercial, Departamento Operacional, Departamento de Planeamento, Departamento Laboral e Salarial, Departamento de Recursos Humanos, Departamento Financeiro e Contabilístico, Escritório ...

* **Funções e responsabilidades das unidades relevantes**

Diretor Geral (Diretor): é o representante legal, executando as actividades diárias da empresa, dirigindo e resolvendo questões de todos os aspectos. O diretor-geral é responsável perante o Conselho de Administração e a lei pela execução das responsabilidades e competências que lhe são atribuídas.

Diretor-Geral Adjunto (Vice-Diretor): assiste o Diretor-Geral, dirigindo e resolvendo questões no âmbito do seu trabalho;

Gabinete da empresa: actua como assessor, resumindo e apoiando o Conselho de Administração e o Diretor Geral a planear, organizar e executar trabalhos de acordo com os programas e calendários aprovados, implementando a gestão de documentos e organizando trabalhos de administração, propaganda e emulação e recompensando conforme regulamentado.

Departamento de Finanças e Contabilidade: actua como conselheiro, assistindo o Conselho de Administração, o Diretor Geral na gestão, execução da política de finanças do Estado e questões relevantes, pesquisando para propor métodos de mobilização e utilização de capital, construindo um plano financeiro, implementando receitas e despesas, instruindo as unidades da empresa para implementar receitas e despesas.

Departamento de Recursos Humanos: aconselha e assiste o Conselho de Administração, o Diretor-Geral nos domínios da organização, dos trabalhadores, da gestão do trabalho, da formação, da verificação, da recompensa e da disciplina do trabalho e da aplicação da política estatal de segurança social, da proteção política interna.

Departamento de Trabalho e Salários: aconselha, apoia o Conselho de Administração, o Diretor-Geral no domínio da gestão do trabalho, da utilização do trabalho e dos salários, instrui o exame da aplicação da política de trabalho do

Estado, regulamenta internamente os salários e os rendimentos.

Departamento de Operações e Negócios: aconselha, assiste o Conselho de Administração, o Diretor Geral no domínio dos negócios, marketing, gestão e operação do cais, área de transição, equipamento para garantir a segurança, eficiência, mobilização e organização dos meios de transporte, planeamento do manuseamento da carga no armazém e em terra, instrução e verificação da produção no local; desenvolvimento e gestão do contrato económico de prestação de serviços portuários, construção da tabela de taxas, cálculo de taxas, estabelecimento de documentos, estabelecimento de métodos de operação.

Outros departamentos (dependendo da empresa) realizarão as tarefas de: fazer estatísticas das actividades da empresa, estabelecer e atribuir um plano de produção a longo prazo; fornecer administração de rede; garantir a segurança, a qualidade; salvaguardar...

Em geral, as estruturas organizacionais das empresas que exploram os portos são independentes umas das outras. Existe uma relação específica com o governo local (Comité Popular da Cidade) e os ministérios relevantes, como o Ministério dos Transportes, a Administração Marítima ...

3.6. Estado de funcionamento do porto de Hai Phong

Assumindo o papel de maior porto do Norte, o porto de Haiphong presta serviços a clientes que são grandes companhias de navegação internacionais ou consignatários locais. Os principais serviços do porto de Hai Phong incluem (i) Carregamento de carga (ii) Aluguer de cais e terra e armazenamento de carga (iii) Rebocador e transbordo (iv) Outros serviços de apoio. No que diz respeito ao porto de Hai Phong, no período estudado, o facto mostra que, de 2005 a 2009, quase todas as empresas estão sob a alçada da Hai Phong one member limited company; desde 2009, surgiram muitas empresas com grande impacto, como a Company128 (2009), a Company189 (2011) ou o porto de Tan Vu...

- Atividade de carga/descarga de mercadorias

Trata-se de uma atividade principal, que representa 75% das receitas do porto, incluindo o serviço de carga/descarga de contentores (cerca de 80%) e o serviço de carga/descarga de granéis.

As características deste serviço são a mão de obra numerosa, muitas perdas durante o processo, um armazém normalizado e receitas reduzidas, o que faz com que as empresas se concentrem na carga em contentores. No entanto, a fim de alcançar o objetivo de desenvolver a agricultura nacional, o porto de Hai Phong (especialmente a Hai Phong Port JSC) continua a utilizar o sistema dos 8 cais e do armazém disponível para servir a importação e a exportação de carga a granel/geral no cais de Hoang Dieu e é uma das poucas empresas que ainda prestam serviços de carga/descarga para este tipo de carga em Hai Phong.

Além disso, com a atual tendência de desenvolvimento, o porto de Hai Phong investe em infra-estruturas para melhorar a produtividade da carga/descarga de contentores.

Tabela 3. 3- Quantidade de porto através de carge

Unidade: milhões de toneladas

Year	2005	2006	2007	2008	2009	2010	2011	2012	2013	2014	2015
Quantity	16,51	18,15	26,30	31,10	35,57	38,5	45,32	51,5	56,6	66,1	69

(Fonte: Resumo dos relatórios das empresas)

- Armazenagem e serviços de armazenagem aberta:

+ Armazém térreo e aberto:

Atualmente, o serviço de armazenagem em terra e a céu aberto é uma das actividades mais eficientes e que gera mais lucros para o porto. O porto está agora a prestar serviços de armazenagem aberta para carga geral e carga contentorizada com controlo aduaneiro a muitas companhias de navegação. A quantidade média de contentores desalfandegados por ano nos últimos 5 anos atinge cerca de 1,1 milhões de TEU/ano; a área de carga geral em terra é grande, mas a quantidade de carga em contentor não é muito grande em comparação com a carga em contentor no período 20052014.

No que se refere aos serviços de terminais de contentores, a quantidade de contentores movimentados é sempre um dos factores que causa grandes perdas às empresas. Muitas empresas que operam no porto de Hai Phong utilizaram a nova grua RTG com sistema de condução automática e posicionamento de contentores com tecnologia DGPS, bem como uma aplicação de gestão do terminal de contentores - CTMS. Um planeamento e uma atividade de carga/descarga adequados também ajudam o porto de Hai Phong a melhorar a qualidade dos serviços, como por exemplo: menos tempo de espera para a movimentação de contentores vazios (devido ao posicionamento exato do contentor no sistema informático), redução do tempo de movimentação dos meios de transporte e do empilhador.

+ Armazém e serviços de armazenagem

O porto de Hai Phong tem muitos armazéns com diferentes métodos de armazenamento, que podem ser divididos em 3 grupos de armazéns

+ Armazém de conservação e entrega de cargas:

CFS (Container Freight Station): é um armazém licenciado pela alfândega para operar, receber e entregar cargas importadas e exportadas em contêineres. Os serviços de CFS proporcionam aos clientes comodidade e redução do frete de transporte e segurança da carga devido à rigorosa regulamentação de preservação.

É necessário melhorar a técnica dos procedimentos aduaneiros para aplicar corretamente os contratos assinados.

+ Estação de carga de contentores

Ao abrigo de contratos de longo prazo com clientes, recolher carga, armazenar e carregar a carga em contentores para exportação. A caraterística desta atividade é o rigor na embalagem, etiquetagem e método de carregamento para maximizar a utilização do volume do contentor e minimizar os custos.

+ Armazém de conservação de carga no âmbito de um contrato tripartido com um banco

O porto fornece serviços de preservação de carga a empresas que colocam carga em penhor para um empréstimo, para as ajudar a aumentar a sua competência comercial.

Transbordo e outros serviços de apoio

Outros serviços de apoio são serviços de valor acrescentado para companhias de navegação/proprietários de carga: pesagem de carga, contagem, embalagem...

3.7. Avaliação geral da atual gestão e funcionamento do porto

3.7.1 Avaliação geral da gestão portuária

Através da análise acima, reconhece-se que nos portos do Vietname em geral e no porto de Hai Phong em particular, há muitas unidades funcionais envolvidas na gestão do porto, nomeadamente Administração Marítima Portuária, Instituto Aduaneiro, Exército de Defesa, Quarentena Médica e Instituto de Quarentena da Flora e Fauna. Cada unidade tem as suas próprias funções e tarefas.

O facto de o governo local, o pessoal de gestão do porto, o pessoal de gestão do porto, o pessoal de gestão das infra-estruturas; a relação entre o porto e o governo central e o governo local.

*** Pontos fortes da gestão portuária**

O atual método de gestão portuária tem alguns pontos fortes específicos:

- Assegurar a elevada profissionalização da gestão. Cada unidade executa as suas tarefas específicas: A administração marítima do porto gere a atividade marítima no porto; o exército de defesa gere a imigração; a quarentena gere a quarentena médica; a quarentena da flora e da fauna gere a quarentena da flora e da fauna; o comité popular da cidade fornece regulamentos no âmbito da sua administração.
- A atribuição de tarefas minimizará as eventuais cumplicidades e reforçará a supervisão cruzada entre as unidades de gestão.
- A gestão do porto de Hai Phong envolve o Comité Popular da cidade de Hai Phong, o que prova que o governo central e os órgãos do governo local cuidam do porto de Hai Phong. A relação entre o porto e o Ministério dos Transportes e a Administração Marítima é apresentada verticalmente na profissão marítima. A relação entre o porto e o Comité Popular da Cidade é apresentada através da gestão da administração como uma unidade situada no local da cidade.

*** Pontos fracos da gestão portuária e suas causas**

Há muitos pontos fracos na gestão das infra-estruturas portuárias, bem como na operação portuária nos anos anteriores e atualmente. O grupo de investigadores apenas levanta algumas questões típicas, como se segue:

- Os modelos: *porto de serviços públicos, porto de ferramentas, porto de senhorios, porto privado,* têm sido aplicados por muitos países do mundo há bastante tempo, mas ainda são muito recentes no Vietname, especialmente o modelo de porto de senhorios (novo em termos de lei e prática). Por conseguinte, se for aplicado no Vietname, haverá certamente muitas dificuldades.

- As actividades de gestão portuária incluem frequentemente a gestão do Estado e a administração das empresas, mas não uma gestão separada das infra-estruturas (para todos os portos do Vietname), pelo que não é fácil implementá-la de forma coerente de acordo com o plano geral dos portos do Vietname em cada local, bem como em todo o país.

- Para maximizar os benefícios, o Estado deve concentrar-se no investimento em infra-estruturas de cais e dragagem de vias de passagem... e arrendar a empresas ou empresas privadas para operação (através de contratos específicos), para que estas adquiram elas próprias equipamento de manuseamento (grua, empilhador, camião, meios fluviais, ...) para servir o manuseamento de carga...; assim, o capital de investimento do Estado será disperso e as fontes de capital das empresas e dos particulares não serão utilizadas.

- A utilização do capital da APD e do capital do orçamento nacional para investir em infra-estruturas (concentrando-se nos grandes portos centrais) nos anos anteriores não é eficiente e produtiva, causando perdas e desperdícios.

- Entre os quatro modelos de gestão portuária acima referidos, o modelo "Landlord *port"* é o que apresenta mais vantagens para quase todos os portos do Vietname, bem como para o porto de Hai Phong. Isso é evidenciado pelo ponto mais importante: o investimento no desenvolvimento do porto. A aplicação do modelo "Landlord port" ao porto de Hai Phong significa que o Estado e as empresas de exploração portuária partilharão o ónus do investimento no desenvolvimento do porto. O Estado concentra-se apenas no investimento em infra-estruturas, vias de passagem e cais; as empresas investem em equipamento de manuseamento. O facto de as empresas investirem em equipamento facilitará a sua concentração em tipos específicos de carga. Esta partilha de encargos de investimento tem um significado importante na atual competitividade feroz.

- Sobreposição de funções e responsabilidades:

+ Gestão das infra-estruturas e planeamento detalhado dos cais na zona do porto de Hai Phong, a zona posterior do porto, entre a administração portuária e o comité popular da cidade.

+ Tomada de decisões sobre a aquisição de equipamento de movimentação de cargas

+ Inconsistente na taxa de frete porque por vezes é um fator de concorrência

+ Existe uma fixação da atividade administrativa entre o Ministério dos Transportes e o Comité Popular da Cidade. No entanto, esta fixação ainda não é suficiente e não é suficientemente rigorosa.

- A cooperação entre órgãos não é boa, criando problemas

+ A quarentena médica e a quarentena da flora e da fauna podem ser efectuadas ao mesmo tempo, mas por vezes não são efectuadas desta forma, o que faz perder mais tempo

+ Muitas tarefas da Administração Marítima Portuária e das Alfândegas não têm sido bem cooperadas para poupar tempo aos navios

Devido à incapacidade de fixar claramente as funções e responsabilidades das unidades, muitas tarefas da gestão do Estado exigem que as unidades as executem em conjunto, o que conduz a sobreposições ou a uma má cooperação. Estas tarefas são a gestão das infra-estruturas portuárias, a gestão do planeamento dos cais, a emissão de taxas, o aluguer de infra-estruturas...

- Problemas nas receitas - despesas das actividades de investimento no desenvolvimento portuário:

A fonte de rendimento do porto de Hai Phong é muito grande. Este facto é demonstrado pelos mais de 40 mil milhões de VND recebidos das alfândegas e pelas dezenas de mil milhões de VND provenientes das taxas de passagem cobradas pela

Administração Marítima. Todas estas receitas são submetidas ao orçamento do governo central e nenhuma parte ao orçamento do governo municipal. Esta situação não é adequada porque a carga que passa pelo porto tem de utilizar o sistema de transportes da cidade para chegar ao interior da zona norte do Vietname. Se a cidade não dispuser de orçamento para investir nas infra-estruturas de transporte rodoviário, podem surgir engarrafamentos. Além disso, o porto de Hai Phong recebe frequentemente aluviões, o que exige um grande orçamento para a dragagem. Caso contrário, o funcionamento geral do porto sofrerá atrasos e as outras despesas aumentarão.

3.7.2. Avaliação geral do funcionamento do porto

Através de uma análise do funcionamento do porto de Hai Phong nos últimos tempos, verifica-se que, basicamente, a sua atividade cresce de forma regular ano após ano. As receitas do porto de Hai Phong provêm essencialmente da movimentação de carga, da armazenagem, do transbordo, do rebocador e de outros serviços de apoio. Entre estas actividades, as receitas da movimentação de carga representam frequentemente uma grande percentagem (65% - 75%). Além disso, o porto tem também outras actividades, como as receitas financeiras, os dividendos, o tratamento das existências no comércio, etc., que representam uma pequena percentagem das receitas portuárias. Para além da movimentação de carga, armazenagem e transbordo, o porto terá de se concentrar nas actividades de cais, exploração de terminais, construção de infra-estruturas, dragagem, .

*** Pontos fortes na operação portuária**

As empresas que operam nos portos são agora independentes, proactivas na implementação da movimentação de carga, no aluguer de armazéns, em terra, na prestação de serviços de transbordo. Isto ajudá-las-á a planearem-se a si próprias, a determinarem o nível de receitas e de lucros em função dos seus objectivos de desenvolvimento empresarial.

*** Pontos fracos do funcionamento e suas causas**

- As empresas que participam na exploração portuária estarão em concorrência, o que poderá dar origem a uma concorrência pouco saudável.

Como não existe uma unidade que execute o processo geral de funcionamento dos portos, haverá incoerências: por exemplo, na dragagem e manutenção, no planeamento da construção das infra-estruturas dos cais, ...

CAPÍTULO 4
REQUISITOS DO PORTO DE HAI PHONG GESTÃO NO FUTURO

4.1. Orientação estratégica do desenvolvimento do porto de Hai Phong 20202030:

4.1.1 Orientação geral para o desenvolvimento:

- A gestão geral e a operação do porto de Hai Phong asseguram a competitividade, a integração com os portos nacionais e os portos da Asean e os portos mundiais; satisfazem as necessidades do mercado de carga importada e exportada na área de Hai Phong e nas províncias do delta do Nordeste, contribuindo para o desenvolvimento socioeconómico do país e da região; e, ao mesmo tempo, criam motivação para atrair fontes de capital de investimento no desenvolvimento de infra-estruturas dos portos, zonas industriais, zonas de transformação e exportação, ICD e serviços logísticos das áreas adjacentes da cidade de Hai Phong;
- Reforçar o investimento e a construção de infra-estruturas dos cais na zona portuária de Hai Phong de forma sincronizada, de acordo com os projectos portuários aprovados, concentrando-se especialmente nos cais que recebem navios porta-contentores, petroleiros e navios de carga seca de grandes dimensões e melhorando a capacidade de todo o sistema portuário de Hai Phong;
- Corrigir os pontos fracos e o estado de atraso da técnica - tecnologia, gestão e nível de operação, bem como a qualidade do serviço na área do porto de Hai Phong e, especialmente, da inconsistência entre cais, cais e infraestrutura pública do porto (passagem e rede de tráfego dentro do porto...);
- Mobilizar ao máximo todos os recursos dentro e fora do porto, promovendo a socialização do investimento na construção de infra-estruturas de cais pertencentes à área do porto de Hai Phong; cooperar estreitamente entre a gestão e a operação portuária com a proteção ambiental, a proteção da segurança, a proteção da segurança marítima, a busca e o salvamento... dentro da área do porto de Hai Phong...

4.1.2 Objectivos específicos:

) Período até 2020:

- *A escala do projeto do porto internacional de Hai Phong* incluirá:

+ Conclusão de 04 terminais de contêineres, com comprimento de 1200m; 02 terminais de granéis, com comprimento de 500m. Com capacidade para receber buk carrier 80.000 DWT e navio porta-contentores 6000 TEU;

+ Conclusão de 05 cais de carga de sacos e encomendas - comprimento de 1000m para navio 30.000 DWT.

- *Cais comercial para navios de grande porte na área de Lach Huyen.* Este é um centro de importação e exportação de carga transportada em rotas marítimas distantes por grandes embarcações que servem as necessidades de desenvolvimento socioeconómico das províncias do Norte:

+ Receber principalmente navios porta-contentores do tipo 4000 - 6000TEU;

+ Receção de navio de carga geral 50 - 80 mil WT

+ As infra-estruturas, a tecnologia de manuseamento e a gestão das operações devem ser sincronizadas, modernas e de nível internacional.

) Período 2020-2030:

- Desenvolve-se principalmente no lado sudeste da ilha de Cat Hai (ao longo do lado direito da passagem de Lach Huyen), numa área de cerca de 825 ha.

- Recomendar aos órgãos autorizados que reservem uma área de terreno adequada atrás do porto (áreas de apoio adjacentes) para formar a zona industrial e de serviços logísticos do porto, centro de receção e distribuição de contentores, um importante ponto de ligação no serviço logístico.

4.2. Orientação para a criação de um "modelo de gestão portuária" e de uma "autoridade portuária" em geral e para o porto de Hai Phong em particular

4.2.1 Acelerar o processo de conclusão da base jurídica do "modelo de gestão portuária" e da "autoridade portuária":

Na reunião da Assembleia Nacional de 08/4/2015, o Ministro dos Transportes, Dinh La, confirmou que *"o melhor conteúdo inovador da alteração da Lei Marítima do Vietname desta vez é a definição -* ***Autoridade Portuária****"*. Embora ainda existam dúvidas ou desacordo sobre o conteúdo da *"Autoridade Portuária"* apresentado pelo Ministro, este manteve o seu ponto de vista de que o modelo de gestão portuária com a Autoridade Portuária precisa de ser construído sob a direção da inovação. Simultaneamente, o Ministro prometeu receber ideias construtivas e continuar a explicar perante a Assembleia Nacional, nas próximas reuniões, o projeto de alteração da lei, completando várias cláusulas da Lei Marítima do Vietname, entre as quais *a "Cláusula 64b sobre a Autoridade Portuária".*

A explicação do Ministro será certamente aceite pela Assembleia Nacional, porque ele se empenha de corpo e alma na questão da *"Autoridade Portuária"* para o sistema portuário do Vietname em geral e para a zona portuária de Hai Phong em particular, enquanto o "modelo de gestão portuária" com a *"Autoridade Portuária"* tem sido aplicado no mundo com sucesso e eficácia.

No entanto, ao aprovar a Lei Marítima do Vietname de 2015, a Assembleia Nacional apenas aprova a função e a responsabilidade do "Conselho de gestão e operação portuária". Trata-se de uma forma de autoridade portuária, mas a Lei Marítima do Vietname de 2015 não apresentou na íntegra a função, a responsabilidade e a autoridade do conselho de gestão e operação portuária.

4.2.2 Abordagem dos resultados da investigação do projeto "Modelo de gestão do porto de Lach Huyen" do Ministério dos Transportes apresentado à Assembleia Nacional

O projeto "modelo de gestão do porto de Lach Huyen" não foi aprovado, mas obteve inicialmente resultados específicos. Em especial, estabeleceu parcialmente a base para o "conselho de gestão e operação portuária" na Lei Marítima do Vietname de 2015.

Com a realização do projeto, o "Conselho de gestão e operação portuária" será a direção comum do desenvolvimento do modelo de gestão nos portos de Hai phong num futuro próximo [13].

Por isso, nessa altura, com base legal e base prática, será conveniente aplicar o que o autor está a implementar.

4.3. Algumas exigências da gestão portuária

Para implementar a orientação acima mencionada, é necessária uma unidade de gestão com as seguintes funções e tarefas básicas

*** As funções de gestão do Estado**

- Propriedade de todas as zonas terrestres e aquáticas da zona portuária de Hai Phong, gestão de todas as infra-estruturas (cais, embarcadouros, zona terrestre, zona aquática dianteira do cais, armazém, solo, ... da zona portuária de Hai Phong);

- Gerir e elaborar um plano pormenorizado de todos os cais na zona portuária de Hai Phong, planear o investimento na construção de infra-estruturas de cais de acordo com o plano total aprovado para o desenvolvimento do sistema portuário do Vietname;

- Organização da gestão dos investimentos e da exploração das infra-estruturas portuárias e das infra-estruturas da zona logística de retaguarda

- Emissão de regulamentos de gestão das actividades na zona terrestre e na zona aquática do porto de Hai Phong.

- Assegurar que a zona logística da retaguarda do porto (especialmente o sistema de transportes que liga o porto) se desenvolva de modo a satisfazer as necessidades da zona portuária de Hai Phong.

- Emitir a licença de investimento para a construção de cais, de acordo com o plano aprovado. Controlar e supervisionar os investimentos necessários para a construção de cais.

*** Funções do funcionamento do porto**

- Elaboração de regulamentos de gestão da zona aquática e da zona terrestre, conforme autorizado; elaboração de métodos de arrendamento das infra-estruturas do porto de Hai Phong; e assinatura de contratos de arrendamento e supervisão da execução do contrato;

- Emissão de taxas portuárias e cobrança direta das taxas aos armadores; cobrança de fretes e taxas de movimentação de carga aos armadores.

- Manutenção e reparação de infra-estruturas nas zonas terrestres e aquáticas do porto de Hai Phong; planeamento e execução da manutenção e dragagem da passagem de água, do sistema de sinalização marítima e das infra-estruturas dos cais na zona do porto de Hai Phong;

- Gerir o tráfego no interior do porto, mobilizar e organizar os cais para os navios que chegam ao porto para movimentação de cargas;

- Prestação de serviços no porto: reparadores, rebocadores, abastecimento de combustível, abastecimento de água doce e transporte de marinheiros;

- Supervisionar todas as actividades das empresas envolvidas na atividade de operação portuária, com base nos contratos assinados, para garantir o princípio da concorrência leal e igualitária, sem discriminação..;

- Planeamento do orçamento anual de receitas e despesas da Autoridade Portuária de Hai Phong a apresentar ao representante da capital do Estado para aprovação antes de ser aprovado pela assembleia geral de accionistas...

*** Algumas outras actividades relevantes no porto**

- Actividades de exploração portuária exercidas por empresas com funções de exploração (incluindo empresas privadas) em conformidade com a Lei das Empresas e aceites pela "Autoridade Portuária" do porto de Hai Phong.

- Emissão de licença para navios que entram e saem do porto, através da passagem de água do porto, pela Administração Marítima Portuária.

- Outras actividades como: piloto, alfândega, exército de defesa, quarentena... até à inspeção e verificação de navios estrangeiros de acordo com o PSC, são levadas a cabo pelos órgãos especializados do Estado.

Deve reconhecer-se claramente que, no projeto do Ministério dos Transportes, a criação de uma autoridade portuária apenas para o porto de Lach Huyen é abordada porque se trata de um novo porto, o que é conveniente para a construção de infra-estruturas e a aquisição de equipamento de movimentação de cargas sem a influência da existência dos portos antigos em funcionamento. No entanto, se a autoridade portuária for aplicada apenas ao porto de Lach Huyen, não será possível tirar pleno partido das suas vantagens. E isso criará uma concorrência pouco saudável entre o porto de Lach Huyen e os outros portos, porque o porto de Lach Huyen terá políticas e mecanismos melhores e mais favoráveis na gestão e operação portuárias. É por isso que este livro propõe a aplicação da autoridade portuária a toda a área do porto de Hai Phong para garantir o sincronismo e tirar o máximo partido da autoridade portuária. Definitivamente, esta aplicação irá enfrentar grandes desafios para os portos que operam sob outros métodos e modelos de gestão diferentes. Mas se existirem políticas adequadas que facilitem às unidades de operação portuária o início da aplicação da Autoridade Portuária, esta será bem sucedida.

CAPÍTULO 5

PROPOSTA DE MODELO DE AUTORIDADE PORTUÁRIA NA ZONA DO PORTO DE HAI PHONG

5.1. Proposta de um "modelo de autoridade portuária" para a zona portuária de Hai Phong

*** Fundamento da proposta:**

A base 1, *Da teoria da construção do modelo de gestão portuária (Capítulo 1)*

O grupo de pesquisadores mostrou que muitos países do mundo implementaram os 04 modelos de gestão portuária, que são: *"Porto de serviço público", "Porto de ferramentas", "Porto de proprietários"* e *"Porto privado"*. Em cada país, cada modelo tem suas características próprias, mas todos apresentam os 02 conteúdos básicos a seguir: A *função de gestão estatal do porto marítimo,* e *a função de gestão operacional do negócio portuário;*

As 2 bases, a *partir da experiência real de muitos países que implementaram modelos de gestão portuária e Autoridade Portuária em todo o mundo, como resumo a seguir*

\+ *Em França, o* termo "Tool port" aplica-se ao porto de Le Harve, a única *autoridade portuária - Autoridade Portuária de Le Harve;*

\+ *Nos Países Baixos,* o modelo *"Landlord port"* com a única *autoridade portuária - Port of Rotterdam Authority;*

\+ *Na Bélgica,* o modelo *"Landlord port"* é aplicado ao porto de Antuérpia pela *Autoridade Portuária* Antewrp;

\+ *Em Singapura,* o modelo *"Landlord port"* é aplicado com 02 organizações responsáveis pela gestão e operação do porto: *Maritime and Port Authority of Singapore e* Singapore port operation company.

\+ *No Japão,* o modelo *"Landlord port"* é aplicado também com 02 organizações responsáveis pela gestão e operação do porto: *Autoridade Portuária* e *Órgão Gestor do Porto.*

O terceiro fundamento, *baseado na avaliação do modelo de gestão portuária* implementado nos portos do Vietname em geral e no porto de Hai Phong em particular *(no que respeita à lei e à prática), é que as suas desvantagens e fraquezas* tornaram a gestão estatal e a operação portuária ineficazes, não satisfazendo as necessidades do mercado e da integração internacional dos portos do Vietname

A 4 base, *Atualmente, a área do porto de Hai Phong tem 42 cais com várias "Entidades"* envolvidas no negócio operacional do porto, numa forma de "cada um por si"

Por conseguinte, é necessário dispor de um modelo único de *"autoridade portuária"* que implemente a função de gestão estatal e a função de gestão empresarial na zona do porto de Hai Phong, satisfazendo as necessidades de integração internacional e de inovação exigidas pelo Estado e pelo Partido Comunista.

*** Proposta de modelo de gestão portuária para a zona portuária de Hai Phong**

Com base no que precede e num modelo adequado para o porto de Hai Phong no futuro próximo, tal como analisado na parte 4 do capítulo 3, o grupo de investigadores propõe o seguinte

Aplicar o modelo ***Landlord port*** para a gestão portuária da ***zona do porto de Hai Phong.***

Esta aplicação do modelo "Landlord port" tirará o máximo partido dos seguintes pontos fortes do porto de Hai Phong

- A fixação clara do investimento no desenvolvimento portuário permite uma harmonia de benefícios entre o Estado e as organizações privadas;

- Tendo o direito de investir proactivamente em equipamento de movimentação, as empresas privadas concentram-se no investimento e na operação de forma eficaz;

- O Estado consegue equilibrar os recursos de investimento e tirar partido dos recursos privados para maximizar as receitas do orçamento do Estado.

- As empresas privadas promoverão melhor as suas vantagens para satisfazer as necessidades do mercado.

Todas as vantagens acima referidas são adequadas para o atual desenvolvimento do porto de Hai Phong.

***) Conteúdo principal do modelo**:

Em primeiro lugar, o Estado é proprietário de toda a zona terrestre e da zona aquática do porto, das infra-estruturas e da via de passagem da água; investe na construção de todas as infra-estruturas portuárias, incluindo as infra-estruturas do cais e as infra-estruturas públicas.

Em segundo lugar, o Estado aluga cais, embarcadouros e terrenos a organizações privadas para a sua exploração; aluga os terrenos do porto a organizações privadas para a construção de armazéns; investe em todo o equipamento de manuseamento, transporte e armazenamento de carga. Outros serviços de apoio são prestados tanto pelo Estado como por empresas privadas.

Em terceiro lugar, as empresas que prestam serviços de movimentação de carga são autorizadas a adquirir proactivamente equipamento (grua pesada) com funções e capacidade adequadas às necessidades dos clientes, a fim de assegurar um funcionamento eficaz através de contratos estáveis e a longo prazo.

Em primeiro lugar, as empresas privadas (que tenham condições suficientes para exercer a atividade de movimentação de carga e que sejam aceites pela autoridade portuária de Hai Phong) estão autorizadas a assinar contratos com armadores e consignatários para efetuar a carga e a descarga com elevada produtividade, satisfazendo as necessidades do mercado.

5.2. Proposta de "Autoridade Portuária" para a zona do porto de Hai Phong

Para o funcionamento do modelo acima referido (o modelo "Landlord port"), é necessário dispor de *uma organização responsável pela gestão e exploração,* o autor propõe a organização da *"Autoridade Portuária de Hai Phong".*

Em princípio, a "autoridade portuária" terá todas as funções e responsabilidades para aplicar corretamente as orientações estabelecidas, a fim de desenvolver a zona do porto de Hai Phong. Estas responsabilidades e funções são abordadas no capítulo 4, parte 3. O seu resumo é o seguinte:

*** As funções de gestão do Estado**

- Possuir a totalidade da área terrestre e aquática do porto de Hai Phong, gerir todas as infra-estruturas (cais, embarcadouros, zona terrestre, zona aquática, armazém, solo... da área portuária de Hai Phong...);

- Gerir e elaborar um plano pormenorizado de todos os cais da zona portuária de Hai Phong, estabelecer um plano de investimento para a construção de infra-estruturas de cais de acordo com o plano geral aprovado de desenvolvimento do porto do Vietname;

- Gerir o investimento e a exploração de infra-estruturas portuárias e de infra-estruturas logísticas de retaguarda;

- Emitir disciplinas de gestão para as actividades na zona terrestre e na zona aquática do porto de Hai Phong;

- Assegurar o desenvolvimento da zona logística da retaguarda do porto (especialmente o sistema de transportes que liga ao porto) para satisfazer as necessidades da zona portuária de Hai Phong;

- Emitir a licença de investimento e construção de cais, de acordo com o plano aprovado. Inspecionar e supervisionar o investimento e a construção das infra-estruturas do cais, conforme necessário.

*** Funções operacionais do porto**

- Elaborar regulamentos de gestão da zona terrestre e da zona aquática do porto de acordo com o âmbito da autoridade: Desenvolver métodos de aluguer de infra-estruturas portuárias do porto de Hai Phong; e assinar contratos de aluguer de infra-estruturas e supervisionar a execução dos contratos;

- Emitir taxas portuárias (taxa de atracação, taxa de chegada/partida, taxa de desatracação...) e cobrar diretamente as taxas aos armadores; cobrar os fretes de movimentação de carga aos destinatários;

- Manter e reparar as infra-estruturas na zona terrestre e na zona aquática do porto de Hai Phong; planear e organizar a manutenção e a dragagem da passagem de água do porto, dos sinais marítimos e das infra-estruturas do cais na zona portuária de Hai Phong;

- Gerir o tráfego no interior do porto, mobilizar, organizar os cais para os navios que chegam ao porto para movimentação de carga;

- Prestar serviços no porto: reparação, rebocador, abastecimento de combustível, abastecimento de água doce e transporte de marinheiros;

- Supervisionar todas as actividades das empresas envolvidas na atividade operacional portuária, com base nos contratos assinados, a fim de garantir o princípio da concorrência leal e equitativa e da não discriminação;

- Planear o orçamento anual de receitas e despesas da Autoridade Portuária de Hai Phong para submeter ao representante do Estado antes de ser aprovado pela assembleia geral de accionistas...

*** Algumas outras actividades relevantes no porto**

- As actividades operacionais portuárias são realizadas por empresas com funções de operação portuária (incluindo empresas privadas) e geridas em conformidade com a lei das empresas e tal como aceite pela "Autoridade Portuária" de Hai Phong.

- Emissão de licença para navios que entram e saem do porto, através da passagem de água do porto, pela Administração Marítima Portuária.

- Outras actividades como: piloto, alfândega, exército de defesa, quarentena... até à inspeção e verificação de navios estrangeiros de acordo com o PSC, são levadas a cabo pelos órgãos especializados do Estado.

Existem duas opiniões sobre a gestão da "Autoridade Portuária": a "Autoridade Portuária" do governo central, representada pelo Ministério dos Transportes, e a "Autoridade Portuária" do Comité Popular da cidade de Hai Phong. Fazendo uma comparação, obtemos os seguintes resultados:

Quadro 5.1. Comparação da execuçao das funções e responsabilidades da autoridade portuária pelo Comité Popular de Hai Phong e pelo Ministério dos Transportes

No.	Roles & Responsibilities	Hai Phong People's Committee	Transport Ministry
	Responsibilities which Hai Phong People's Committee and Transport Ministry can do well		
1.	Managing and building detailed plan for all wharfs	Do well	Do well
2.	Issuing regulations of managing activities within the land zone and water zone of Hai Phong Port; Building methods of renting out port infrastructure	Do well	Do well
3.	Issuing investment license for construction of quays, wharfs in accordance with approved plan	Do well	Do well
4.	Issuing port fees and freights and directly collecting these fees	Do well	Do well
5.	Providing services in port	Do well	Do well
6.	Supervising all activities of enterprises involving in port operational business	Do well	Do well
7.	Planning annual budget of imcome and expense of Port Authority of Hai Phong	Do well	Do well
	Responsibilities which Hai Phong People's Committee can do better than Transport Ministry		
1.	Owning land zone and water zone	This complies with Vietnam Law	Can't own land
2.	Ensuring port rear logistics area developed enough to meet requirement of Hai Phong port area	Hai Phong People's committee can focus on investment of building infrastructure connecting with port and sovling traffic jam	Can't do because Transport Ministry can't manage roads in the area behind port
3.	Maintaining and repairing infrastructure of port, maintaining and dredging water passage way and maritime signs	Hai Phong People's Committee directly manages these infrastructure, they will understand clearly characteristics and do the job better	Can't do because the Ministry does not master the fact of port
	Responsibilities which Transport Ministry can do better than Hai Phong People's Committee		
1.	Compliance with Vietnam Maritime Law 2015	Is not assigned by the government to manage Port Authority	Is a unit assigned by the Government to manage Port Authority
2.	Generally plan the port surrounding area	Can't do this job when ports are under other cities/ provinces scope	Can do well because the Ministry manages planning ports in the whole country

Através do quadro 5.1, é fácil constatar que a autoridade portuária de Hai Phong é diretamente gerida pela Câmara Municipal de Hai Phong.

O comité trará mais lucros e será mais adequado do que o que é gerido pelo Ministério dos Transportes.

5.3. Modelo da autoridade portuária da cidade de Hai Phong

Com base nas funções e responsabilidades da Autoridade Portuária de Hai Phong, o autor descreve o modelo através do mapa que se segue

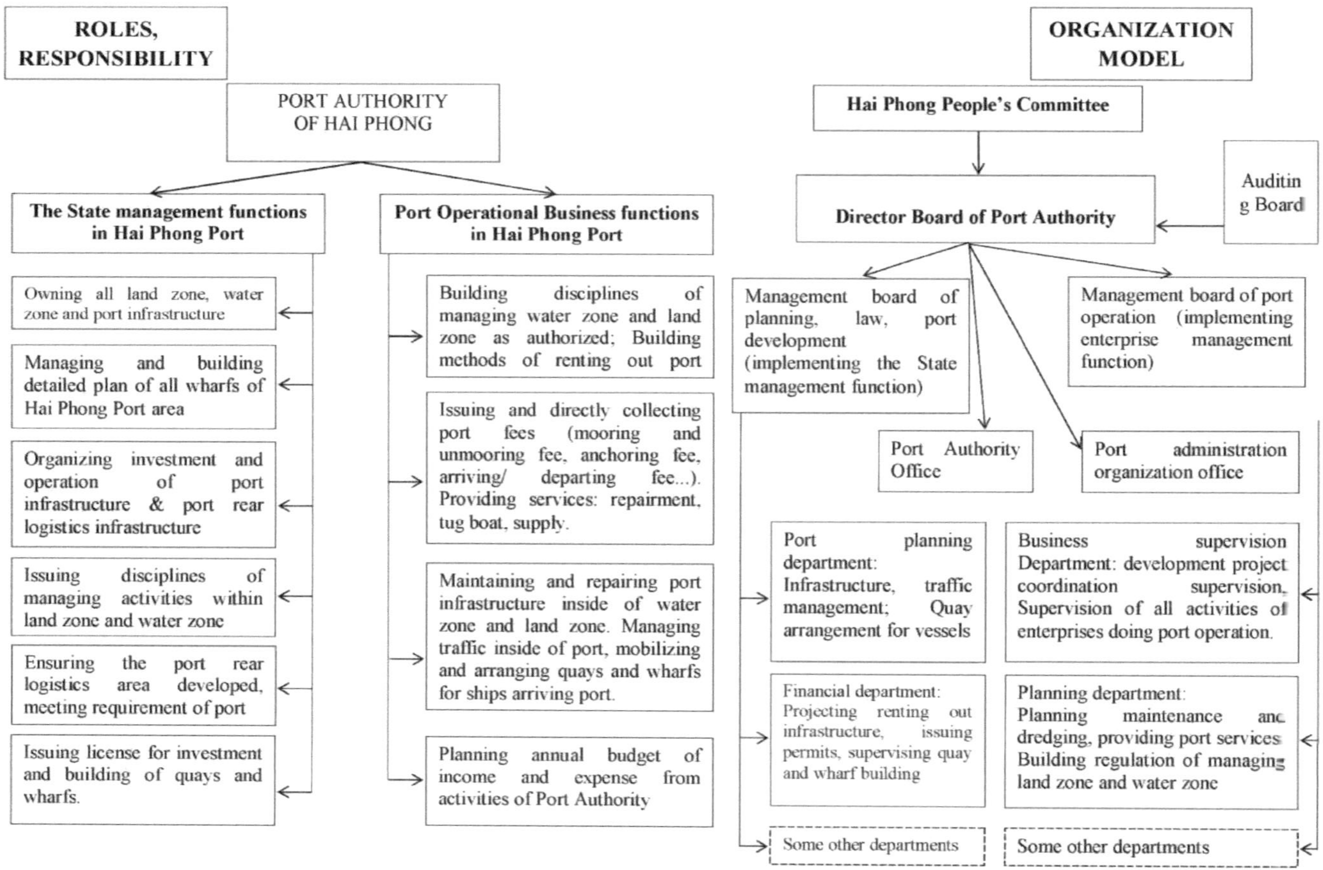
ROLES, RESPONSIBILITY
PORT AUTHORITY OF HAI PHONG
The State management functions in Hai Phong Port
Owning all land zone, water zone and port infrastructure
Managing and building detailed plan of all wharfs of Hai Phong Port area
Organizing investment and operation of port infrastructure & port rear logistics infrastructure
Issuing disciplines of managing activities within land zone and water zone
Ensuring the port rear logistics area developed, meeting requirement of port
Issuing license for investment and building of quays and wharfs.
Port Operational Business functions in Hai Phong Port
Building disciplines of managing water zone and land zone as authorized; Building methods of renting out port
Issuing and directly collecting port fees (mooring and unmooring fee, anchoring fee, arriving/ departing fee...). Providing services: repairment, tug boat, supply.
Maintaining and repairing port infrastructure inside of water zone and land zone. Managing traffic inside of port, mobilizing and arranging quays and wharfs for ships arriving port.
Planning annual budget of income and expense from activities of Port Authority
ORGANIZATION MODEL
Hai Phong People's Committee
Auditin g Board
Director Board of Port Authority
Management board of planning, law, port development (implementing the State management function)
Management board of port operation (implementing enterprise management function)
Port Authority Office
Port administration organization office
Port planning department: Infrastructure, traffic management; Quay arrangement for vessels
Business supervision Department: development project coordination supervision, Supervision of all activities of enterprises doing port operation.
Financial department: Projecting renting out infrastructure, issuing permits, supervising quay and wharf building
Planning department: Planning maintenance and dredging, providing port services Building regulation of managing land zone and water zone
Some other departments
Some other departments

A aplicação do modelo de Landlord port e do método de gestão Port Authority na zona portuária de Hai Phong irá ao encontro de conveniências e desafios específicos. Em especial, na opinião do autor, para desenvolver o porto de Hai Phong como "Autoridade Portuária", é necessário o envolvimento do governo local, aqui representado pelo Comité Popular de Hai Phong. Este facto também colocará alguns desafios específicos. Podemos apontar vários desafios importantes na implementação deste modelo, como se segue:

- Por se tratar de um modelo novo, aplicado pela primeira vez no país, parece não ser possível evitar problemas. No entanto, é essencial garantir o objetivo principal de desenvolver o porto de acordo com a tendência comum mundial.

- A aplicação deste modelo a todo o porto de Hai Phong será difícil devido ao método de gestão atualmente aplicado. Os portos que utilizam outros métodos de gestão terão de alterar o seu atual sistema de gestão e passar a utilizar o novo. Esta é a dificuldade mais difícil. Para ultrapassar esta dificuldade, é necessário apontar as vantagens e os benefícios dos portos quando se implementa um modelo único para assegurar o desenvolvimento de todos os portos.

- As receitas actuais dos portos são agora transferidas para o governo central. A aplicação do novo modelo significa que as receitas passarão para o Comité Popular de Hai Phong. Para tal, é necessário o acordo e uma política adequada do governo central para facilitar a cidade de Hai Phong e o porto de Hai Phong.

- É necessário criar uma estrutura de gestão adequada da autoridade portuária correspondente ao porto de Hai Phong para assegurar uma gestão e um desenvolvimento eficazes do porto e tirar todo o partido do seu potencial.

Além disso, existem muitos outros desafios que precisam de ser resolvidos pelos órgãos do governo central e do governo local, bem como por peritos no domínio dos portos marítimos, para que seja possível criar uma autoridade portuária adequada para o porto de Hai Phong.

CONCLUSÃO E RECOMENDAÇÃO

CONCLUSÃO

Com base no estudo da experiência da gestão portuária e dos modelos de gestão portuária de outros países e na realidade e condições do Vietname, bem como da zona portuária de Hai Phong, propor um método de construção do modelo e organizar a gestão portuária que seja adequado à realidade da zona portuária de Hai Phong tem um significado essencial para realçar a preeminência e a eficiência do novo modelo. Esta é a premissa para completar e aplicar este novo modelo na construção de um sistema portuário moderno e eficaz, assegurando a circulação da carga e servindo o desenvolvimento socioeconómico, satisfazendo os requisitos da estratégia marítima.

Após a aprendizagem, a análise teórica e o levantamento e a avaliação dos factos, chegamos a alguns resultados importantes, como se segue:

1. Panorama do estudo do modelo de gestão portuária e da operação portuária, centrado nas autoridades portuárias do mundo

2. Contribuição para completar a teoria do conceito de autoridade portuária, gestão portuária e modelo de operação; estudo da experiência da autoridade portuária em vários países desenvolvidos do mundo, a partir do qual se conclui uma lição útil para os portos do Vietname e o porto de Hai Phong.

3. Análise e avaliação objetiva dos factos relativos à gestão e ao funcionamento do porto de Hai Phong no período de 2005 a 2014, a partir da qual se conclui uma avaliação geral do funcionamento e da gestão actuais do porto de Hai Phong.

4. Baseando-se na base teórica e prática da gestão e operação do porto de Hai Phong com o modelo avançado de autoridade portuária, o autor propõe uma premissa para construir um modelo de autoridade portuária aplicável ao porto de Hai Phong.

RECOMENDAÇÃO

De acordo com a proposta de construção do modelo de Autoridade Portuária acima referido, em geral, para ser bem sucedido, é necessário o envolvimento e a cooperação sincronizada de órgãos desde o governo central até ao governo local.

Para a aplicação prática do modelo, são imperativas as seguintes condições

- A cidade de Hai Phong está autorizada a utilizar as fontes de rendimento do porto de Hai Phong para investir na construção e manutenção das infra-estruturas do porto de Hai Phong, na manutenção e dragagem da passagem de água do porto, na garantia da zona logística posterior do porto (especialmente o sistema de transportes que liga ao porto)

- Existe uma boa cooperação entre a Administração Marítima do Vietname, as Alfândegas, o Exército de Defesa, o Instituto Médico, ... para facilitar as actividades de emissão de licenças para os navios que chegam e partem do porto, o piloto, as alfândegas, as actividades de defesa, a quarentena, ...

- O Comité Popular de Hai Phong deve dispor de políticas e mecanismos adequados que lhe permitam executar e cumprir as responsabilidades acima referidas.

Além disso, o livro aborda apenas o conteúdo principal da base para a construção da Autoridade Portuária na área do porto de Hai Phong. Não menciona em profundidade como construir o modelo e operar a Autoridade Portuária para ter a melhor eficiência no desenvolvimento do porto de Hai Phong. Estes estudos intensivos poderão ser efectuados pelo autor nos próximos tempos.

Para completar este livro, o autor gostaria de manifestar a sua grande gratidão aos peritos em gestão e operação portuárias, amigos e colegas pelo seu apoio muito amável na disponibilização de conhecimentos, ideias e documentos profissionais.

REFERÊNCIAS

1. O Comité Central do Partido X, *Estratégia Marítima do Vietname para 2020*
2. Relatório financeiro de algumas empresas Operador do porto marítimo de Hai Phong no período
2005 - 2014
3. Ministério dos Transportes, *Decisão n.º 1741 /QD-BGTVT de 3/8/2011 sobre a aprovação do planeamento detalhado do Grupo do Porto Marítimo do Norte (grupo 1) para 2020, orientação para 2030.*
4. Ministério dos Transportes, *Decisão n.º 57/2005/QD-BGTVT, data 28/10/2005 Sobre a organização e o funcionamento das autoridades portuárias.*
5. Direito Marítimo do Vietname, 2015
6. Estratégia de desenvolvimento dos transportes do Vietname até 2020
7. Haiphong Port JSC, *Relatório financeiro no período 2005 - 2014*
8. Haiphong Port JSC, *Introduzir a visão geral da empresa*
9. New port 128, JSC, *Relatório financeiro no período 2009 - 2014*
10. New port 128, JSC, *Apresentação da empresa*
11. Novo porto 189, JSC, *Relatório financeiro no período 2011 - 2014*
12. New port 189, JSC, *Apresentação da empresa*
13. Administração Marítima do Vietname, *estudo do regime e proposta de modelo de organização, gestão e funcionamento dos portos marítimos, aplicação piloto no porto de Lach Huyen - porto internacional de entrada de Hai Phong,* Ha Noi, 2014
14. Partido da cidade de Hai Phong, *Documento do Congresso dos Representantes XIV,*
Hai phongpublishing company, 2011 ;
15. Partido da cidade de Hai Phong, *Documento do Congresso dos Representantes XV*, 2015
16. Prof. Dr. Dan Duc Hiep, Economia de Haiphong - *50 anos Construir e desenvolver* a Editora de Estatística, Ha Noi, 2005
17. Prof. Dr. Dan Duc Hiep, Economia de Haiphong - *25 anos Construir e desenvolver* a Editora Política Nacional, Ha Noi, 2012.
18. Prof. Assoc., Sci Dr. Nguyen Ngoc Hue, *Autoridade Portuária - Objectivos e funções,* Journal of Sea & Beach, 2009
19. *Actas do workshop sobre modelos de portos marítimos* - Vietnam Maritime Administração - 6/2014
20. Dr. Bui Ba Khiem, *Para criar capital de investimento para explorar o Vietname seaports,* National Economic University Publishing House, Ha Noi, 2013.

21. Dr. Bui Ba Khiem, *Direção do modelo de gestão portuária do Vietname,* Jornal dos Transportes, 10/2015

22. Dr. Bui Ba Khiem, *modelo da Autoridade Portuária no mundo - Lições aprendidas para os portos marítimos vietnamitas,* Journal of Transportation, thang 12/2015

23. Dr. Bui Ba Khiem, *Estudar o argumento para construir o modelo da Autoridade Portuária em Porto marítimo de Hai Phong, projeto de investigação a nível da cidade,* 7/2016.

24. Le Ngoc, *Tendências económicas no século 21st* , Ciência e Tecnologia Editora, Ha Noi, 2000.

25. Plano Diretor de Desenvolvimento Socioeconómico de Hai Phong para 2020.

26. Planeamento do desenvolvimento do espaço urbano de Hai Phong para 2025 e 2050.

27. Hoai Son, *A transformação do porto marítimo,* Journal of Maritime, 6/2009

28. Doutor Nguyen Van Son, Mestre Le Thi Nguyen, *Organização e operação do porto,* VIMARU.

29. Prof. Dr. Vuong Toan Thuyen (2004), *Economics of sea transport,* VIMARU

30. Prof., Dr., Vuong Toan Thuyen, Bui Ba Khiem, *porto marítimo vietnamita na orientação do desenvolvimento económico marítimo em conformidade com a estratégia para o mar até 2020*, *Journal of Development Economic, n.º* 128, 02/2008

31. Primeiro-Ministro, *Decisão n.º 2190/QD-TTg 24/12/2009 que aprova a Planeamento do desenvolvimento do sistema portuário marítimo do Vietname até 2020 e orientação para 2030.*

32. Primeiro-Ministro, *Decisão n.º 70/2013/QD-TTg 19/11/2013 sobre a lista de portos marítimos*

33. Primeiro-Ministro, *Decisão n.º 1037/QD-TTg 24/6/2014 que aprova a planeamento ajustado do desenvolvimento do sistema portuário marítimo do Vietname até 2020 com orientação para 2030.*

34. Instituto de Desenvolvimento e Estratégia dos Transportes (7/1999) - *O experiência de desenvolvimento do porto marítimo do Japão*

Tieng Anh

35. Tran Thi Tuyet Mai Anh, *State management of ports system in Vietnam - existing mechanisms and proposals for change,* Universidade de Antuérpia, 2004.

36. Autoridade Marítima e Portuária de Singapura

37. Banco Mundial, *Port Reform Toolkit,* Segunda Edição, 2007.

38.Banco Mundial, *Logística e Gestão Portuária*, 2004

Sítio Web:

39.Sítio Web da Administração Marítima do Vietname http ://www.vinamarine.gov.vn

http://www.vinamarine.gov.vn/Index.aspx?page=report&tab=hhrvcbhttp://www.vinamarine.gov.vn/Index.aspx?page=law&tab=blpl

40.Sítio Web do Instituto Geral de Estatística:

http://www.gso.gov.vn/default.aspx?tabid=434&idmid=3

41.Autoridade portuária de Hamburgo: www.hamburg-port-authority.de/en

42.Sítio Web do porto de Haiphong:

http://www.haiphongport.com.vn/GeneralInfo/StatisticImg.aspx

43.Le Vu Khanh, *Alguns comentários sobre o artigo "Cuoc chuyen minh cua cdng bien"*,

http://kinhtebien.vn/index.phpo-6-2009-le-v-khanh&catid=90: quy-hoach-cng-bin&Itemid=71

44.Sítio Web do porto de QuangNinh

http://www.quangninhport.com.vn/index.html

45.Sítio Web de Saigon Newport

http://www.saigonnewport.com.vn/Pages/IntroPage.aspx?nid=1057&sn=

46.Modelo de autoridade portuária piloto em Hai Phong - www.thesaigontimes.vn/.../Thi-diem-mo-hinh-chinh-quyen-cang-tai-Hai- Phong.html

47.Algumas sugestões sobre a criação de uma autoridade portuária no Vietname a partir de a perspetiva do perito da JICA - www.vinamarine.gov.vn/Index.aspx?page=detail&id=1059

48.Sítio Web do membro da Associação dos Portos Marítimos do Vietname:

http://www.vpa.org.vn/vn/members/members.htm

49.Sítio Web da Vietnam National Shipping Lines:

http://www.vinalines.com.vn/

50.Wikipedia.org

Autoridade portuária: https://en.wikipedia.org/wiki/Port authority

Administração local https://vi.wikipedia.org/wiki/chinh_quyen_dia- _phuong

51.Sítio Web sobre a Autoridade Portuária

Quem telefonou para a Autoridade Portuária (8/4/2015)
http://laodong.com.vn/chinh-tri/ai-lai-goi-la-chinh-quyen-cang-313780.bld
O Ministro Thang apresentou o modelo de "Autoridade Portuária" (18/8/2015)
http://vneconomy.vn/thoi-su/bo-truong-thang-gioi-thieu-mo-hinh-chinh-quyen-cang-20150818021323457.htm
Modelo de autoridade portuária controverso (11/11/2015)
http://vnexpress.net/tin-tuc/thoi-su/mo-hinh-chinh-quyen-cang-gay-tranh-luan-3310612.html
Considerar o modelo da Autoridade Portuária em Lach Huyen
http://www.cangsaigon.com.vn/news-details.aspx7pageM252
Novo modelo para o desenvolvimento dos portos marítimos (13/11/2015)
http://www.nhandan.com.vn/mobile/ mobile ndct/ mobile chuyende/item/27954702.html
Modelo de autoridade portuária piloto em Hai Phong (18/11/2013)
http://www.thesaigontimes.vn/Home/dothi/hatang/105896/Thi-diem-mo-hinh-chinh-quyen-cang-tai-Hai-Phong.html

MIX
Papier aus verantwortungsvollen Quellen
Paper from responsible sources
FSC® C105338

Printed by Books on Demand GmbH, Norderstedt / Germany